Les adolescents

Geneviève Hone et Julien Mercure

Les adolescents

les encourager, les protéger, les stimuler

NOVALIS

Des mêmes auteurs:

Les saisons du couple, Ottawa, Novalis, 1993.

Interdit aux enfants. Guide pour vivre l'aventure d'être parent, Ottawa, Novalis, 1994.

The Seasons in a Couple's Life, Ottawa, Novalis, 1996.

Les adolescents
    est publié par Novalis.

Couverture: Katherine Sapon.

Illustrations: Julien Mercure.

Photographie couverture: Barbara Brown (Masterfile).

Éditique: Gilles Lépine.

© Copyright 1996: Novalis, Université Saint-Paul, Ottawa.

Dépôts légaux: 3ᵉ trimestre 1996

Bibliothèque nationale du Canada

Bibliothèque nationale du Québec

Novalis, C.P. 990, Outremont (Québec) H2V 4S7

ISBN: 2-89088-831-2

Imprimé au Canada

Données de catalogage avant publication (Canada)

Hone, Geneviève, 1941-

Les adolescents: les encourager, les protéger, les stimuler

Comprend des réf. bibliogr.

ISBN: 2-89088-831-2

1. Parents et adolescents. 2 Adolescence. I. Mercure, Julien, 1933- .
II. Titre.

HQ799.15.H66 1996   649'.125   C96-940603-7

Avertissement

Les auteurs se sont inspirés, pour les exemples, des histoires de nombreux parents et adolescents rencontrés dans le cadre de leur travail professionnel. Les histoires ont été tellement modifiées, transformées, reconstruites, déguisées, combinées, qu'on pourrait dire que les exemples ont été inventés.

NOVALIS

Merci...

au personnel de la maison d'édition Novalis;

à nos collègues et amis, Patrick Bellet,
Marthe Lafleur, Damien Thibaudeau,
Léon Veilleux, Suzanne Calvé-Thibault,
Line Desrochers;

à Jinny Lee et à ses parents, Claudette et Alain;

à Isabelle Thibault, pour la permission d'utiliser
sa lettre.

À notre petite-fille Ariane qui, toute confiante,
s'est lancée dans notre monde.

À nos parents André et Germaine, Florence et
Albert, qui nous ont laissés partir.

À Geneviève qui, comme la terre promise, ne cesse
de m'attirer, de me nourrir, de me surprendre.

À Julien, qui m'explique les étoiles.

Nous partirons seuls loin
Pendant que nos parents dorment
Nous prendrons le chemin
Nous prendrons notre enfance
Un peu d'eau et de pain
Et beaucoup d'espérance

Félix Leclerc

Préface

Ce livre de Geneviève Hone et Julien Mercure est la suite logique et attendue de *Les saisons du couple* et d'*Interdit aux enfants,* autres ouvrages de nos auteurs où leurs qualités de psychothérapeutes s'étaient illustrées.

Dans l'ouvrage présent, qui pourrait être sous-titré peut-être avec l'audace d'un néologisme, «Manuel ou précis d'adolescentologie», Geneviève Hone et Julien Mercure développent avec humour leur expérience professionnelle avec l'élégance du pédagogue qui ne donne pas de leçon.

Cette manière souple de présenter les questions et les pistes envisageables dans la résolution des problèmes familiaux liés à l'adolescence s'apparente au tissage d'un tapis. Nos auteurs tendent la trame, le contexte, de ce que pourront être les différentes possibilités d'évolution de la famille et de chacune des personnes qui la composent. Les exemples proposés sont des constructions remarquables où la globalité de la description s'allie à la finesse du détail. La forme du style choisi, le dialogue, rend aisément accessible le propos des auteurs, qui n'hésitent pas à employer des expressions familières, savoureuses pour un autre francophone, en particulier concernant les amours québécoises.

Ces évolutions familiales, par les perspectives proposées à la fin de chacun des chapitres, sont autant de fils de couleurs et de textures différentes que le lecteur peut nouer à sa guise. Geneviève Hone et Julien Mercure ont écrit un manuel intelligent, au sens littéral du terme, car il incite le lecteur à prendre en main sa destinée. Les adultes pourront, peut-être, découvrir qu'il faut du courage pour être adolescent et celui-ci qu'il lui faudra garder de sa fraîcheur juvénile à l'âge dit adulte.

Ce livre est un encouragement aux couleurs des reliefs de la vie.

Dr Patrick Bellet
Président de la Confédération francophone
d'hypnose et de thérapies brèves
Vaison-la-Romaine, France

Introduction

Des enfants
qui ne le sont plus
Des adultes
qui ne le sont pas encore

«Et que deviennent vos enfants?» Nous posions cette question à des collègues retrouvés lors d'un colloque. Comme nous avons été surpris! Maryse, à dix-huit ans, est partie vivre avec son ami de cœur. Louis mesure maintenant un mètre quatre-vingts. Véronique, dix-sept ans, est mère d'un petit garçon. Claudine fait des études supérieures en mathématiques. Frédéric, après un long périple autour du monde, s'est réinstallé chez ses parents où il passe ses journées à méditer et à écrire de la poésie. Sylvie, quant à elle, a réussi à «se sortir d'un problème de drogue»...

En plus de nous donner des nouvelles de leurs enfants maintenant adolescents, ces collègues nous confiaient leurs doutes sur leur compétence comme parents: «Sommes-nous qualifiés pour être parents d'adolescents? Nous venons à peine de comprendre comment élever des enfants! Interagir avec des adolescents nous semble tellement plus compliqué.»

De fait, la tâche d'élever des adolescents est sans doute plus compliquée que celle d'éduquer des enfants. Par exemple, l'enfant de quatre ans demande à ses parents pourquoi il ne peut pas aller jouer dans la rue. «Parce que c'est dangereux; tu pourrais te faire faire mal.» Les choses sont relativement simples. L'adolescent de treize ans demande pourquoi il ne doit pas consommer de drogue. La «bonne» réponse est essentiellement la même: «Parce que c'est dangereux; tu pourrais te faire faire mal.» Mais, cette fois-ci, le parent sait que cette réponse risque de ne pas satisfaire l'adolescent; elle risque même de le pousser à se rebeller et à prendre de la drogue seulement pour prouver que le parent n'a pas raison. Les choses sont désormais plus compliquées.

L'adolescence, un phénomène nouveau

Si les choses sont compliquées pour les parents d'adolescents, elles le sont aussi pour le reste de la société pour qui l'adolescence est un phénomène relativement nouveau. En effet, l'adolescence telle que nous la connaissons aujourd'hui n'existait pas chez nos arrière-grands-parents. La plupart des jeunes passaient de l'enfance à l'âge adulte presque sans transition. Aujourd'hui, notre société a besoin de travailleurs spécialisés: l'accès à une profession requiert une longue période d'apprentissage. L'intervalle entre la maturité physique et le statut d'adulte est plus long qu'il ne l'était il y a quelques générations. D'un côté, c'est avantageux: le jeune a davantage de temps pour acquérir des habiletés et des connaissances et pour préparer son avenir. De l'autre côté, la phase où l'adolescent est à la fois «grand» et «petit» est longue, ce qui peut constituer un désavantage.

Les parents possèdent les ressources
pour faire face à ce phénomène

Notre travail de psychothérapeute nous fournit l'occasion privilégiée d'observer les efforts des familles pour composer avec des membres qui sont à la fois dépendants et indépendants. Ce sont ces efforts qui nous ont inspirés au moment où nous avons choisi les thèmes de ce livre. Bien sûr, nous savons que l'étape de l'adolescence est complexe. Mais nous sommes également convaincus que cette période peut s'avérer aussi fort intéressante et agréable pour les adolescents et leurs parents. De plus, nous croyons de tout cœur que parents et adolescents possèdent les ressources nécessaires pour réussir les tâches propres à cette étape.

L'adolescent: celui qui doit partir

Nous connaissons d'excellents livres qui traitent des tâches propres à l'adolescence. Mais sous quel angle pourrions-nous aborder ce sujet sans répéter ce qui a été dit ailleurs? Des parents et des adolescents nous ont suggéré la réponse. En effet, quand nos clients ou nos amis nous parlaient de l'étape de l'adolescence, c'était toujours en termes de «départ». «Bertrand est toujours sorti. Il ne nous dit même pas où il va.» «Véronique est toujours avec ses amies, ailleurs.» «Nous avons l'impression que Jocelyn ne vit plus ici, même s'il rentre coucher tous les soirs.» «Andrée-Anne nous parle constamment de sa hâte d'avoir son propre appartement.»

Partir n'est pas mortel en soi, mais partir avec peu de bagages, partir quand on ne sait pas tout à fait comment se diriger, partir en laissant derrière soi la protection qu'offraient les parents, ce n'est pas simple. Laisser partir un adolescent qu'on aime et qu'on n'a pas fini d'élever, laisser partir un adolescent qui ne sait même pas passer l'aspirateur (en tout cas, on ne l'a jamais vu faire), laisser partir un adolescent dont le comportement et les attitudes reflètent les limites de ses parents, ce n'est pas simple non plus.

Ce thème du «départ» est vieux comme la vie. Les grands mythes de l'humanité contiennent tous des récits de départ. On se rappelle, par exemple, l'histoire d'Abraham qui quitte la maison de son père à cause de la terre qui lui est promise par Yahvé. Partir, on connaît cela depuis toujours. On sait que partir, c'est mourir un peu. On sait qu'il faut partir pour vivre. On sait qu'on élève un enfant pour qu'il s'en aille. Bien sûr, on sait tout cela! Mais quand c'est dans sa famille que s'effectue ce départ, on a parfois l'impression de ne plus savoir... ce qu'on sait depuis toujours.

Le contenu de ce livre

Nous souhaitons offrir du soutien au parent qui a l'impression de ne plus savoir et qui se pose des questions sur son lien avec son enfant devenu adolescent. Nous ne prétendons pas offrir de réponses à ces questions: chaque parent doit les trouver pour lui-même et avec son adolescent. Mais si nous arrivons à aider les parents à trouver une façon intéressante d'*aborder* ces questions, nous en serons très heureux. En effet, créer un lien avec un jeune ne veut pas dire transmettre des réponses. Créer un lien, c'est accepter d'être remis en question, c'est continuer de chercher, c'est renoncer à de vieilles convictions pour s'ouvrir à un monde nouveau.

Ce livre se divise en deux grandes parties. La première comprend deux chapitres qui discutent de *départs*. Le premier chapitre, intitulé «Les départs de l'enfance et leurs enjeux», rappelle aux parents qu'ils se sont exercés nombre de fois à s'attacher à leur enfant et à s'en détacher. Dans le deuxième chapitre, «Ce départ spécial qu'est l'adolescence: la somme de tous les enjeux», nous espérons convaincre les parents qu'ils peuvent avoir confiance en eux-mêmes. Se détacher d'un adolescent tout en lui restant attaché, cela s'apprend. Dans chacun de ces deux chapitres, nous proposons des pistes de réflexion qui aideront les parents à développer leurs propres idées sur le thème du départ.

La deuxième partie présente quatorze situations vécues par des adolescents et leurs familles, situations qui nous ont été suggérées par les parents et les adolescents en réponse à notre question: «Quels thèmes devons-nous aborder dans notre livre sur les adolescents?» Certains parents et adolescents nous ont proposé de discuter de situations qui se présentent *nécessairement* à l'adolescence, comme l'éveil sexuel. D'autres nous ont suggéré d'écrire au sujet de situations qui arrivent *parfois* à l'adolescence, par exemple l'anorexie, la grossesse, la consommation de drogue. Ces situations sont toutes présentées de la même façon: d'abord quelques questions provoquées par la situation, puis deux témoignages, l'un d'un adolescent et l'autre d'un adulte, ensuite une section «pour ceux et celles qui veulent réfléchir davantage» et, finalement, un petit devoir. Le devoir est *facultatif!* Le parent d'un adolescent a déjà beaucoup de devoirs...

Le lecteur pourra lire les thèmes dans l'ordre où ils sont présentés. Mais peut-être choisira-t-il de lire d'abord les chapitres qui correspondent davantage aux questions soulevées actuellement dans sa famille.

Nous terminons le livre en réfléchissant sur une situation paradoxale: d'un côté, les parents savent que leur enfant doit partir; c'est précisément en vue de ce départ qu'ils l'ont éduqué. De l'autre, ils ont envie de le retenir, car ils savent aussi que l'éducation qu'ils lui ont donnée est incomplète et imparfaite. Laisser partir un enfant qui n'est pas tout à fait prêt n'est pas facile. Les parents qui ont le courage de le faire doivent se réconcilier avec leurs limites, agir malgré leurs imperfections et continuer d'offrir à leur enfant le meilleur, c'est-à-dire eux-mêmes. Ces parents font preuve de **pauvreté du cœur**, et c'est à eux que nous dédions ce livre.

Julien Mercure
Geneviève Hone
mars 1996

Première partie

Les nombreux départs et les enjeux de chacun

«Yahvé dit à Abraham: "Quitte ton pays, ta parenté et la maison de ton père, pour le pays que je t'indiquerai."»
Genèse 12, 1

I

Les départs de l'enfance et leurs enjeux

Vous avez peut-être eu le bonheur, quand vous étiez enfant, d'avoir une grand-mère «gâteau» qui, de temps en temps, vous invitait à aller passer quelques jours chez elle. Cette grand-mère «gâteau» était, en fait, une grand-mère «frites». En effet, vous aimiez particulièrement les pommes de terre frites qu'elle vous préparait sur demande. Autant votre mère préconisait les menus santé du genre «légumes crus et germe de blé», autant votre grand-mère, elle, respectait vos goûts. Aux yeux de celle-ci, d'ailleurs, vous étiez l'être le plus charmant de la terre, ce qui était d'autant plus facile que vos frères et sœurs étaient restés dans votre famille. Bref, vous étiez roi et maître chez votre grand-mère. Quel repos, quel bien-être, quel paradis! Et quelles frites délicieuses!

Vos parents venaient tout gâter en décidant de vous rapatrier. Ils vous rappelaient que l'école recommençait dans quelques jours, qu'il ne fallait pas fatiguer grand-maman. Bien que vous vous ennuyiez un peu de votre père et de votre mère (mais certainement pas de vos frères et sœurs!), vous n'aviez pas envie de revenir à la maison. Vous souhaitiez alors que le train ne passe pas ce matin-là, que la voiture de grand-papa tombe en panne, que vos parents téléphonent pour annoncer que l'école avait brûlé. N'importe quoi pour ne pas partir. Votre grand-mère, tout en comprenant votre désarroi, vous soufflait une phrase qui vous réconfortait même si vous n'en saisissiez pas tout le sens: «Il faut bien que tu partes si tu veux revenir.»

Mais justement, le problème, c'est que vous vouliez rester. Cela se comprend. On consacre tant d'efforts et de temps à acquérir une certaine sécurité dans un endroit donné qu'on a tendance à vouloir y rester. Pourtant, la vie va de l'avant et, pour la suivre, il faudra faire l'expérience de milliers de départs jusqu'au dernier, celui de quitter la vie elle-même.

Ce que votre grand-mère disait est profondément vrai: il faut savoir renoncer à une certaine sécurité pour s'envoler, aller vers l'inconnu, s'ouvrir à une expérience nouvelle... et revenir, mais avec une tout autre vision des choses. Partir veut toujours dire quitter un endroit connu pour aller vers un ailleurs qui est nécessairement inconnu, du moins en partie. Or, l'inconnu suscite de la peur en même temps qu'il attire par ses promesses.

L'être humain, naturellement, est exposé à cette réalité du départ. Au début de sa vie, il est poussé hors d'un monde qu'on croit confortable et agréable, dans un univers aux dimensions et aux sensations formidables. À la fin de sa vie, de nouveau, il sera poussé au dehors d'une vie connue (sinon confortable et agréable) vers un monde inconnu dont personne encore n'a su nous parler en connaissance de cause. Entre ces deux départs, l'être humain expérimentera une multitude de départs dont plusieurs se font très tôt dans la vie. L'enfant qui arrive à l'adolescence a donc déjà une vaste connaissance de ce qui est requis pour effectuer les départs nécessaires. Et le parent, lui, a une vaste expérience d'avoir aidé son enfant à «partir».

La naissance: l'enjeu de l'existence

L'année dernière, nous avons eu le privilège de voir sur vidéo notre petite-fille qui n'était pas encore née. Ariane nous paraissait pourtant bien vivante. En effet, l'échographie la montrait bien affairée à fabriquer les organes dont elle aurait besoin pour faire face au monde une fois sortie de l'utérus. À peine a-t-elle pris le temps de saluer ses parents de la main tellement elle était occupée à préparer son premier départ, sa naissance. Un coup de pied par ici, car dans la vie il faut savoir donner des coups de pied, un demi-tour par là, car il faut apprendre à changer de direction, puis un petit moment de repos, car il faut savoir arrêter de travailler. Quel boulot!

Ce premier départ qu'est la naissance en est tout un. Si les bébés possédaient les mots pour décrire cette expérience, ils en auraient sans doute long à dire. C'est peut-être pour exprimer leur opinion sur le sujet qu'ils crient volontiers durant les premières semaines de vie!

C'est dans l'utérus que l'enfant commence à apprendre qu'il aura le droit d'*exister*. La permission de prendre vie lui est transmise directement par sa mère. La mère s'alimente bien; elle s'abstient de fumer, de boire de l'alcool, de consommer de la drogue; elle fait de l'exercice; elle s'informe au sujet de l'éducation des enfants. La mère peut, au contraire, manger n'importe quoi, fumer, boire de l'alcool, prendre de la drogue, ne pas aller aux rendez-vous chez le médecin. Elle signale ainsi qu'elle ne prend pas au sérieux l'existence de son enfant. Selon le comportement de sa mère, l'enfant commence à comprendre qu'on veut qu'il existe et qu'il vive bien ou, au contraire, que sa vie n'a pas tant d'importance que ça.

Toutefois, même dans les meilleures conditions, l'enfant doit «partir de chez sa mère». On peut cependant se demander pourquoi il le fait. Tout est fourni dans le ventre de la mère, tout au moins lors d'une grossesse qui se déroule bien: lumière tamisée, température contrôlée, nourriture équilibrée, humidité ambiante bien réglée, bercements ajustés, bruits filtrés. Pourquoi sortir de cet endroit? Pourquoi s'en aller dans un monde sec, aux lumières trop fortes, aux bruits qui font sursauter? Tout simplement parce que si l'enfant ne naissait pas, s'il ne quittait pas le sein maternel, s'il ne partait pas, il mourrait et sa mère aussi probablement.

La période de symbiose: l'enjeu de la confiance

Heureusement, tant pour la mère que pour l'enfant, la séparation occasionnée par la naissance n'est pas totale. Il existe une période de grâce, celle de la *symbiose*, où le petit enfant ne fait qu'un avec sa mère ou avec la personne qui donne les soins «maternels». L'enfant apprend alors qu'il peut, ou non, faire *confiance* à son environnement. Là encore, cela dépend en grande partie de l'attitude de ses parents, qui lui manifestent ou non qu'il a le droit d'avoir des besoins, que ce n'est pas dangereux d'être petit parce qu'ils sont là et qu'ils ont accepté la charge de répondre aux besoins de l'enfant.

À cette période, le bébé n'a pas encore appris qu'une mère, c'est une personne différente de lui. De son point de vue, une mère, c'est une extension de lui-même et c'est toujours disponible. Mais, au cours des mois, les choses commencent à changer.

Un jour, on constate que maman n'est pas toujours là, qu'elle se fait parfois attendre. Elle n'accourt plus au moindre cri. De la cuisine, elle écoute pour savoir si on se rendormira sans aide. Peut-être même maman a-t-elle commis quelque chose d'impardonnable: elle est allée chercher un autre bébé. Elle nous dit même, d'un ton assez sévère, qu'on fait trop de bruit, qu'on empêche la petite sœur de dormir.

Maman n'est plus comme avant, elle ne nous appartient plus. On comprend alors qu'il faut quitter cette étape de symbiose pour faire autre chose de sa vie.

Deux ans: l'enjeu de l'autonomie

À première vue, ça n'a pas l'air très intéressant de quitter cette étape de symbiose: on perd un confort garanti, des serviteurs fidèles. Mais quand on y regarde de près, on s'aperçoit qu'il existe un univers fort intéressant au-delà des bras de maman et papa. Il existe énormément de choses à explorer. Vite! Apprenons à marcher, à grimper, à courir, à manipuler les objets. L'aventure nous appelle. On se prépare aux grandes expéditions de la vie en fouillant dans les armoires de cuisine, on cherche à apercevoir l'horizon en grimpant sur les comptoirs, on apprend à allumer et à éteindre les appareils. On ne veut plus dormir: la vie est trop courte et l'univers trop grand pour se permettre des absences dues au sommeil. On tente de faire comprendre à papa et maman que les dodos de l'après-midi, c'est pour les bébés. Et on n'est plus un bébé.

Papa et maman font de leur mieux pour nous laisser grandir même si, de leur point de vue, on est encore très petit. Ils nous encouragent à développer notre *autonomie* en s'exclamant lorsque nous réussissons quelque chose de neuf. «C'est bien, tu tiens bien ta cuillère, maintenant.» Ils continuent aussi de bien nous protéger en posant des limites. «Tu dois dormir un peu cet après-midi, sinon tu seras surexcité ce soir.» Les limites, c'est moins plaisant. On commence à soupçonner d'ailleurs que papa et maman veulent qu'on aille se coucher parce qu'*eux* sont fatigués, mais ils nous passent ça sur le dos. C'est vraiment le temps d'apprendre à dire non. Dire non, c'est manifester aux parents que l'on est différent d'eux, que l'on est maintenant assez compétent pour faire un bout de chemin sans eux. On a autre chose à faire dans la vie que de tenir nos parents occupés à essayer de nous faire dormir durant l'après-midi!

Le monde merveilleux du rêve: l'enjeu de l'initiative

Voilà. On n'est plus un enfant de deux ans. On entre dans le monde des «grands», ceux qui ont entre trois et six ans. Il faut maintenant circuler dans un univers plus grand que celui que papa et maman nous offraient lorsqu'on était bébé. De plus en plus, on peut prendre de l'*initiative* et décider de ses propres activités. Parfois, ça fait peur à nos parents qui nous voient passer dans un monde plus grand. Et comme si ce monde n'était pas assez grand, on le grossit encore en imagination. On y ajoute des monstres, des sorcières, des magiciens, des fantômes verts. On s'y fait des drames dans lesquels on est tour à tour héros, victime, persécuteur. Nos histoires préférées sont celles où le prince épouse la belle jeune fille et où les petits animaux perdus dans la forêt retrouvent leur maman.

On connaît mieux les déficiences du monde maintenant. Papa et maman s'intéressent à d'autres personnes que nous, à nos frères et à nos sœurs, par exemple. On ne sait pas toujours comment faire face à ce problème. On a insisté pour grandir, pour quitter l'âge de deux ans. Mais, d'une certaine façon, on a perdu papa et maman en chemin. Comment les ravoir? Le parent qui nous intéresse particulièrement, c'est celui du sexe opposé. En effet, on a découvert qu'il y a deux sexes chez les humains. On cherche à s'assurer que maman (si on est un garçon) ou papa (si on est une fille) nous choisira pour être la personne la plus importante de sa vie. Et on trouve un truc merveilleux: l'amour. On n'a qu'à les épouser. Phénoménal, comme idée! Le mariage, c'est pour la vie: cette fois-ci, maman ou papa ne pourront nous quitter. On utilise toutes sortes de trucs pour conquérir ce parent: on l'embrasse, on le caresse, on lui offre des belles fleurs cueillies dans la plate-bande de la voisine, celle qui gagne les concours d'horticulture. On est jaloux de la petite sœur ou du petit frère qui accapare l'être aimé. Pas besoin de s'en aller loin de chez soi pour trouver le bonheur et l'amour: on a tout ce qu'il faut à la maison. Les psychanalystes appellent ça le complexe d'Œdipe. Nous qui franchissons cette étape, nous appelons cela le «parfait bonheur».

Il n'y a rien de complexe dans cette étape, pensons-nous, sauf le fait que le parent du même sexe n'est jamais loin. Ça complique les choses. Si maman pouvait donc partir pour un très long voyage, on prendrait bien soin de papa. Si papa pouvait donc rester dans la cuisine, on aurait maman tout à soi et on se blottirait tout contre elle pendant qu'elle regarde la télévision. Mais eux ne voient pas les choses de la même manière. Ils nous expliquent doucement que non, on ne pourra pas les épouser. Ils veulent nous faire comprendre qu'on grandira, qu'un jour on épousera une autre femme, un autre homme. Ils ne le disent pas nécessairement en mots, mais à les voir se donner des becs pendant les messages publicitaires à la télévision, une fois qu'on est couché (qu'ils croient!), on comprend bien qu'ils sont amoureux de quelqu'un d'autre que nous. On commence à comprendre qu'un jour il faudra les laisser seuls pour partir de la maison.

Une période de tranquillité: l'enjeu de l'adaptation

Mais en attendant, on est encore ici. Aussi bien en profiter pour se reposer un peu. On a compris que papa et maman ont la charge de la famille et que ce qui est le plus simple, c'est de s'adapter à leur autorité. Papa et maman ne se gênent d'ailleurs pas pour nous aider à le faire. Ils nous expliquent ce que chacun doit faire dans la vie, ils nous enseignent les lois de la vie, ils nous indiquent quel rôle nous devons tenir. On apprend ce que les hommes doivent faire pour être de bons hommes et on apprend ce que les femmes doivent faire pour être de bonnes femmes. Cette période d'*adaptation* en est une d'*apprentissage*, la première où on est vraiment davantage en dehors de chez soi, à l'école, avec les amis, avec les cousins, les cousines, les grands-parents. On ne s'objecte pas trop à ce que les grandes personnes nous montrent des choses même si, à l'occasion, on trouve qu'elles dérapent un peu. En gros, la vie est assez paisible. On n'est pas très inquiet: si on obéit aux lois, la vie va nous être favorable. On n'a pas à se poser de grosses questions: nos parents sont là pour les poser et y répondre. On sait qu'on n'est pas seul dans la vie. Les psychanalystes appellent ce temps la période de latence. Nous, on l'appelle la période de l'attente! On attend tranquillement d'être assez grand pour s'en aller dans la vie, mais on n'est pas particulièrement pressé de partir.

Pour ceux et celles
qui veulent réfléchir davantage

Pendant des années, les parents s'exercent à s'attacher à leur enfant. Au cours de ces mêmes années, les parents apprennent aussi à se détacher de lui. En effet, ils auront tôt fait de se rendre compte que leur enfant possède sa vie propre avec des émotions, des idées, des comportements, des valeurs bien à lui. Les parents doivent se détacher d'idées toutes faites pour ouvrir leurs yeux et leur cœur à cet *individu* qu'est leur enfant. C'est ainsi que l'enfant aura la liberté et l'espace requis pour poursuivre harmonieusement sa croissance.

Avant d'aborder le départ spécial qu'est l'adolescence, nous invitons les parents à s'apprécier pour le courage qu'ils ont eu en apprenant aussi bien à s'attacher à leur enfant qu'à s'en détacher. Grâce à ce courage, ils ont aidé leur enfant à franchir les étapes de son enfance. Ce rappel pourra leur être utile dans la redoutable période où leur adolescent leur signifiera que, selon lui, ils ne sont bons à rien!

Période de l'enfance	Attachement	Détachement
Naissance: l'enjeu de l'existence	Les parents se donnent corps et âme. Ils disent de mille manières que le bébé est le bienvenu dans la famille.	Le bébé quitte l'utérus. Fini le contrôle presque absolu de ses mouvements. Le bébé exprime ses besoins par des pleurs, des mouvements, des expressions du visage, des sourires. Les parents constatent que le bébé a sa vie à lui et s'appliquent à déchiffrer son langage préverbal.
La période de symbiose: l'enjeu de la confiance	Les parents ne font qu'un avec le bébé et ils doivent l'aider en tout. Sans eux, le petit ne pourrait survivre.	Les parents apprennent à respecter le rythme de leur bébé (quand il a soif, quand il veut dormir). Ils savent reconnaître et encourager l'expression de plus en plus claire de ses besoins. Ils commencent à lui enseigner la tolérance.
Deux ans: l'enjeu de l'autonomie	L'enfant n'est plus un bébé. Il doit être soutenu dans ses premiers pas et dans ses efforts pour être propre, dans l'acquisition de la dextérité, pour manger seul, par exemple.	Les parents doivent laisser l'enfant marcher et ainsi s'éloigner d'eux pendant quelques instants. L'enfant oblige ses parents à se détacher en ne voulant pas toujours être dans leurs bras.
Le monde merveilleux du rêve: l'enjeu de l'initiative	Les parents constatent combien les enfants les imitent: expressions verbales, physionomie, gestes, préjugés. C'est une période où l'enfant veut être grand comme papa et maman. L'enfant se préoccupe de savoir si papa et maman vont continuer de le soutenir même s'il ose être différent d'eux et se lancer dans l'exploration.	L'enfant s'imagine des choses et il manifeste ainsi qu'il a une vie intérieure différente de celle de ses parents. Ceux-ci l'encouragent à s'apprivoiser à cette nouveauté et à commencer à distinguer le monde imaginaire des êtres qui ont leur existence propre. Les parents s'apprivoisent au fait que leur enfant acquiert de l'indépendance.

Période de l'enfance	Attachement	Détachement
Une période de tranquillité: l'enjeu de l'adaptation	L'enfant a tellement de choses à apprendre qu'il y met toute son énergie. C'est encore facile pour les parents de se sentir utiles, car l'enfant s'identifie à eux, a confiance en eux et les considère comme des autorités.	L'enfant commence à fréquenter l'école, il y va tout seul. Il est alors exposé à un monde beaucoup plus vaste que celui de sa famille. Les parents doivent accepter (et souhaiter) n'être plus la seule influence sur leur enfant. L'influence des instituteurs et des autres enfants, ainsi que la réaction de leur enfant à cette influence vont demeurer en partie cachées aux parents.

II

Ce départ spécial qu'est l'adolescence

La somme de tous les enjeux

Émile me fait peur.
Je le sens... je le sens s'éloigner, dériver...
Mon mari dirait «drifting»...
«Drifting away»...
Michel Tremblay, *Nelligan*

Un jour, l'enfant que les parents croyaient connaître leur apparaît comme ayant un nouveau statut, celui de pur étranger! Ce changement de statut se reflète dans le nouveau nom porté par l'enfant. On l'appelle maintenant adolescent. Malheureusement, les parents n'acquièrent ni un nouveau statut ni un nouveau nom. Ils sont encore les *parents*. L'adolescent, lui, commence à montrer qu'il n'est pas intéressé à avoir des parents, surtout pas ceux qu'il a eus jusqu'ici. Du jour au lendemain, ou presque, le père et la mère qui avaient acquis une certaine assurance quant à leur rôle de parents ont l'impression qu'ils ne savent plus rien. Les anciennes façons de parler ne rejoignent plus l'adolescent. Les vieux trucs pour l'aider à s'adapter aux contraintes de son entourage n'ont plus d'effet. Que reste-t-il? Beaucoup de désarroi!

Oui, l'entrée dans l'adolescence suscite du désarroi chez les parents et chez les adolescents. Le lien entre les uns et les autres n'est plus ce qu'il était. On ne sait même pas imaginer une nouvelle forme de lien. Cette étape n'est pas de tout repos. N'importe quel adolescent l'affirmera, et n'importe quel parent le confirmera. Voilà au moins un point sur lequel les représentants des deux générations sont d'accord.

Être adolescent avec des parents, ce n'est pas de tout repos

On a passé toute notre enfance à être petit avec ce que cela sous-entend! Mais un jour, on s'aperçoit que les choses ont changé. Maman a sorti les vêtements d'hiver et on voit qu'ils ne nous font plus, vraiment plus. Tous les vêtements semblent avoir rétréci, comme si on les avait lavés dans une eau trop chaude. Maman s'exclame: «Mon Dieu que tu as grandi cet été!» Elle veut nous mesurer et inscrire notre hauteur sur la porte du garde-robe comme elle le fait chaque année à cette date-ci. Mais soudainement, on s'entend répliquer: «Laisse donc faire, je ne suis pas un bébé pour que tu passes ton temps à vouloir savoir combien je mesure et combien je pèse.» On s'entend lui dire ça sur un ton sec, comme si maman était stupide de vouloir poursuivre cette tradition de la mesure annuelle. Qu'est-ce que ça peut bien faire notre grandeur, quand il y a de la guerre partout dans le monde? On trouve sa mère bien limitée dans ses horizons.

Maman est désolée que les vêtements ne fassent plus. Elle croyait pouvoir attendre les soldes du printemps pour remplacer les manteaux. Mais nous, on est content dans le fond, parce que ces vêtements-là, c'est des vêtements d'enfant, et on commence à être pas mal fatigué d'être traité comme un enfant dans cette famille. Papa et maman n'ont pas l'air de comprendre qu'on n'est plus un enfant. L'autre jour, on les entendait faire des plans pour les vacances d'été. S'ils croient qu'on va passer nos vacances avec eux à notre âge! Si nos amis savaient qu'on prend encore nos vacances avec la famille, ils n'en finiraient pas de rire de nous.

Mais il faut quand même aller au magasin pour acheter de nouveaux vêtements. C'est un désastre! Maman veut encore choisir nos vêtements pour nous. Elle cherche ce qui est durable, bien cousu, et pas trop cher. Nous, on veut acheter quelque chose de beau, à notre goût. Maman dit que ces pantalons sont trop grands, que cette jupe est trop courte, que ce veston de cuir nous donne l'allure d'un délinquant. Nous, on lui dit qu'elle est vieux jeu, qu'elle ferait mieux de nous donner l'argent et de nous laisser faire. Finalement, maman consent à nous acheter le chandail dont on rêvait même s'il est plus cher que ce qu'elle prévoyait. Elle nous dit que ce chandail nous va bien et, du coup, on n'a plus envie de le porter.

On revient à la maison et on voit bien que maman a de la peine: elle n'est pas habituée qu'on lui dise les choses directement comme on l'a fait cet après-midi. On sait bien qu'on a été injuste envers elle: dès qu'elle ouvrait la bouche, on la contredisait ou on l'envoyait promener. On ne se sent pas très bien d'avoir été bête comme ça, mais c'est comme si on n'avait pas pu s'en empêcher. On est enragé pour rien, ces temps-ci. Pas seulement enragé. Parfois on pleure sans raison et, à d'autres moments, on est tellement angoissé qu'on se demande si on va pouvoir sortir de la maison. Et on ne sait même pas pourquoi! Il nous arrive même d'avoir envie de tuer nos parents tellement ils nous semblent ridicules avec leurs idées anciennes et leurs inquiétudes à notre sujet. Comment se fait-il qu'on n'ait pas vu tous leurs défauts avant cette année? Est-ce qu'on était aveugle?

Alors on se réfugie dans sa chambre. Là au moins, on a la paix. On rêvasse un peu, puis on décide de faire le ménage et de se débarrasser de vieux jouets d'enfants. On met tout ça dans une caisse, mais finalement on décide de garder son ourson de peluche. Ce n'est pas qu'on ait encore besoin d'un ourson, *on n'est plus un enfant,* mais un ourson, c'est décoratif, et ça peut indiquer justement qu'on s'en sert maintenant comme décoration et non comme source de consolation.

Puis on décide de prendre une douche. On en prend deux ou trois par jour ces temps-ci: on n'arrive plus à sentir aussi propre qu'on voudrait. Selon papa, on consomme trop d'eau chaude; maman, elle, se plaint qu'on utilise trop de serviettes de bain. On jurerait que nos parents ont été élevés à l'époque de la grande dépression économique: ceci coûte trop cher, on ne peut se permettre cela, etc. En prenant sa douche, on constate une fois de plus que si les vêtements ont rétréci dernièrement, d'autres choses ont grossi. C'est un peu gênant, mais ce n'est pas désagréable. On laisse couler l'eau longtemps, aux bons endroits. On sait bien ce qui se passe. Même si on a bien ricané durant les classes d'éducation sexuelle, on a quand même réussi à regarder les films où on expliquait que bien des choses augmentent de volume à l'adolescence. Ce que les experts dans les films ne savent pas, c'est ce qu'on peut faire avec toutes ces choses qui grossissent, quand il n'y a personne autour!

On descend souper. Maman a préparé notre dessert préféré, sans doute pour se faire pardonner de nous avoir traité en enfant. Elle pense qu'il va en rester pour demain, mais elle se trompe. On va avoir faim dans quelques heures et on va finir le dessert. Mais peut-être bien qu'on ne prendra même pas de ce dessert, même si c'est notre préféré, parce qu'on a peur de prendre trop de poids. Avec l'appétit qu'on a, il faut qu'on se surveille. Ce soir, on se montre gentil avec les parents parce qu'on voudrait bien qu'ils acceptent d'installer une serrure à notre porte de chambre. Jusqu'ici, papa a toujours refusé, il craint le feu. Il n'a pas à s'inquiéter: on ne fume pas chez nous. La serrure, c'est pour avoir de l'intimité. On ne tient pas à ce que les parents fouillent dans notre chambre.

Dans le fond, papa et maman, ce sont de bonnes personnes. Nos amis disent qu'on a de la veine de les avoir. Ils aiment bien nos parents, mais on voit qu'ils ne vivent pas avec eux. Un père et une mère, c'est des *parents* et, par définition, les parents ne peuvent pas comprendre les adolescents. Ils sont trop vieux, puis ça fait trop longtemps qu'ils ont été amoureux ou passionnés.

Bref, ce n'est pas facile à la maison ces temps-ci. C'est difficile pour les parents de nous accorder le respect qui nous est dû maintenant qu'on est capable de mener notre propre vie. Maman tient à nous contrôler comme autrefois. Papa, lui, ne dit pas grand-chose, mais quand il se décide à parler, c'est pour faire des sermons sur la morale. Les parents ne comprennent pas que la vie des jeunes d'aujourd'hui n'est pas comme celle de leur temps. On est beaucoup plus mûr que les parents ne l'étaient au même âge.

Ce n'est pas que les parents n'ont plus d'importance. Mais ils sont portés à outrepasser leur rôle de pourvoyeur. Ils veulent constamment se mêler de notre vie privée. Ils veulent savoir avec qui on sort, à quelle heure on va rentrer, où on va. C'étaient de bons parents pour des enfants jeunes, mais ils ne savent pas comment s'y prendre avec des adolescents. Ce serait simple pourtant: ils n'ont qu'à nous laisser vivre. Ils s'inquiètent pour rien. Et ils manquent de bon sens. L'année dernière, ils ont décidé de ne pas acheter d'arbre de Noël: ils pensaient que la planète allait manquer d'arbres! Ils ne nous en ont même pas parlé. Ce qui fait qu'à Noël, on n'avait pas d'arbre sous lequel déposer les cadeaux. On a dit à nos parents qu'ils avaient fait une gaffe. Cette année, pour se faire pardonner, ils ont acheté un gros arbre. Mais on s'était déjà habitué à ne pas en avoir. On a refusé de le décorer, leur gros arbre. L'inconstance des parents! Ce n'est pas facile pour les jeunes.

Non, rien n'est facile ces temps-ci. Nos parents ont l'air d'avoir peur de nous, pourtant on n'est pas si féroce que ça. Ils suivent des cours sur les adolescents, comme si on était une maladie. Ils lisent des livres en cachette pour comprendre la psychologie de l'adolescence, comme si on était un problème psychiatrique. Ils ne savent pas comment nous prendre. C'est difficile à comprendre qu'ils soient si inquiets que cela. Ils n'ont pas à relever les mêmes défis que les jeunes. Ceux-ci doivent terminer leurs études dans une école qui offre des cours plates et inutiles pour la vraie vie. Ils doivent se trouver un emploi dans une économie où il n'y a pas de travail. Ce n'est pas facile de trouver l'argent pour louer un appartement qui n'est pas un taudis, pour s'acheter une voiture et pour se payer des petites douceurs. Être jeune, ce n'est pas de tout repos. C'est même inquiétant. On sait bien qu'un jour il faudra partir de la maison, on le désire beaucoup. Mais, dans le fond, on ne se sent pas vraiment prêt.

Être parent d'adolescents, ce n'est pas non plus de tout repos

Cet enfant qui n'est pas encore prêt à vivre seul réclame pourtant son indépendance. Il ne veut plus de ses parents tels qu'il les a connus. Les parents sentent bien qu'ils doivent changer tout en demeurant parents. Comment faire?

C'est alors qu'ils peuvent se rappeler avec profit les trois grands «P» de l'éducation. Non, ce n'est pas: «préoccupation, pessimisme, policier». Et non plus: «persistance, progrès, perfection», quoique ces idées aient du mérite. Nous parlons plutôt de protection, de permission et de puissance, thèmes que nous avons développés dans notre dernier livre, *Interdit aux enfants*. Nous y émettions l'idée que les nombreuses tâches parentales peuvent se regrouper sous ces trois thèmes. Le parent doit d'abord offrir de la *protection* à son enfant, la plupart du temps en lui imposant des restrictions. Il doit ensuite lui donner la *permission** d'essayer de nouvelles choses afin d'effectuer ses nombreux apprentissages. Enfin, il doit être un parent *puissant*, qui a confiance en sa capacité de remplir son rôle. Sans puissance intérieure, le parent n'arrive pas à transmettre efficacement les messages qui protègent l'adolescent et lui permettent de s'aventurer dans la vie.

La tâche d'éduquer des adolescents ressemble à celle d'éduquer des enfants. Les parents doivent continuer d'offrir de la protection et de donner des permissions à leur enfant devenu adolescent, tout en le faisant avec puissance. Bien sûr, ils doivent apprendre à le faire de façon appropriée à un adolescent.

---

*   Voir *Interdit aux enfants*, page 23, pour trouver les mots qui correspondent aux permissions à donner aux enfants selon l'étape de développement où ils se trouvent.

La protection

Comment protéger un adolescent contre les dangers de l'univers? On ne peut plus le prendre par le bras, l'amener dans sa chambre et le déposer sur son lit pour le faire réfléchir calmement. Il nous dépasse d'une tête. On ne peut pas raconter à une adolescente une histoire pour lui faire comprendre que tout le monde n'est pas nécessairement beau et gentil. Elle n'est plus intéressée aux histoires: la «vraie vie» l'attend avec plein d'aventures à l'horizon. Il est inutile de rappeler aux adolescents qu'on a plus d'expérience qu'eux. Pour eux, ça ne compte pas: l'expérience de vie des parents est nécessairement périmée!

Comment protéger un adolescent qui rêve de liberté et qui veut vivre sans contraintes? En lui imposant des restrictions, ce que les parents n'aiment pas faire. S'il est une tâche difficile et dont bien des parents voudraient être dispensés, c'est bien celle-là! Ils souhaiteraient bien que l'adolescent sache évaluer le danger dans une situation donnée et qu'il se donne les moyens pour se protéger. Et, bien sûr, l'adolescent n'aime pas se faire imposer des restrictions. Quand cela arrive, il transmet à ses parents sa conviction profonde qu'il est l'adolescent le plus brimé du quartier, sinon de la ville.

Devant les récriminations de l'adolescent, le parent devient hésitant. Il finit par céder. C'est comme s'il disait à son adolescent: «Cette tâche d'imposer des restrictions est difficile et fatigante. Je la laisse tomber. Je souhaite que tu ne te blesses pas, mais fais ce que tu veux.» L'adolescent «gagne», mais il perd aussi, car il a encore besoin d'un parent protecteur. Ou encore, face aux récriminations, le parent devient rigide et moralisateur. Il se met à imposer des restrictions inutiles ou trop grandes et il ne fait plus confiance à l'adolescent. Devant cette non-confiance, l'adolescent développe des façons pour «transiger avec l'intransigeance»: mentir, désobéir, dissimuler, se rebeller, faire des fugues, etc.

Que faire pour que les restrictions nécessaires soient à tout le moins acceptables?

1. Les restrictions doivent diminuer en nombre et en intensité à mesure que l'adolescent acquiert de la maturité. De toute façon, elles doivent être moins nombreuses que les permissions!

2. Elles doivent être bien définies, clairement exprimées, temporaires et révisables par les deux parties.

3. Elles ne remettent jamais en question l'amour et le respect du parent envers son enfant. Elles ne visent que certains comportements de l'adolescent.

4. Elles ne sont qu'un élément dans la relation parent-adolescent. Le parent protecteur devra aussi s'exercer à observer les comportements sains de son enfant et à l'en féliciter. Par exemple, le parent sera peut-être porté à spontanément critiquer l'adolescent affalé sur le divan: «Tu te tiens mal... Tu vas finir par te blesser au dos!» Peut-être gagnerait-il à observer que l'adolescent, tout affalé qu'il est, est en train de LIRE et l'en féliciter! Après tout, jusqu'ici le jeune ne s'était jamais intéressé à la lecture.

Les permissions

Tout en imposant certaines restrictions, le parent doit encourager l'adolescent à grandir, à explorer l'univers, à se définir, à se diriger de façon de plus en plus autonome, à développer sa vie intérieure. L'*attribution* est un instrument puissant pour transmettre les permissions. Elle s'adresse à l'adolescent en devenir: on lui prête une caractéristique qu'il ne possède pas encore totalement. Par exemple, on peut reconnaître la beauté d'une adolescente même si elle a des boutons au visage ou qu'elle s'est fait teindre une partie des cheveux en vert (l'autre partie est mauve). On peut aussi transmettre à l'adolescent qui entre au cégep la conviction qu'il possède l'intelligence nécessaire pour réussir à ce niveau d'études et même à un niveau supérieur.

Autant l'attribution positive aide l'adolescent à développer une bonne estime de lui-même, autant l'attribution négative peut contribuer à détruire cette estime. Répéter à l'adolescent qu'il ne fera rien de bon dans la vie est une attribution probablement nuisible ou du moins inefficace, car ce genre de discours incite rarement quelqu'un à s'améliorer. Au contraire, l'adolescent va probablement s'enfoncer davantage dans une attitude de paresse et de négligence. En effet, malgré ses prétentions à l'autonomie et ses discours fréquents sur les limites de ses parents, il a tendance à croire ce que son père et sa mère disent de lui.

Comment transformer une attribution négative en une intervention plus efficace? Il s'agit de jouer un tour à l'adolescent qui s'attend à être l'objet d'une attribution négative, en lui remettant la responsabilité de son comportement. «Tu es intelligent. Comment t'expliques-tu que tu n'arrives pas à garder un emploi? Déjà, deux de tes patrons t'ont dit que tu étais négligent dans ton travail. Es-tu d'accord avec cela? Non? Alors comment t'expliques-tu cette situation?»

La puissance

Offrir protection et permissions à l'adolescent n'est pas une tâche facile pour le parent. Quelles restrictions imposer pour protéger l'adolescent? Quelles permissions lui accorder? Quand? Comment? Et pour combien de temps? En théorie, c'est assez simple: on n'a qu'à lire un bon livre pour trouver réponse à ces questions! Dans le quotidien, le parent doit constamment faire du discernement, parfois au sujet de situations banales, parfois au sujet de situations plus graves aux conséquences éventuellement pénibles. Pour faire ce discernement, le parent doit puiser à même ses ressources intérieures: il doit se demander quels sont ses sentiments, ses idées, ses valeurs par rapport à la situation en cause. Il doit se rappeler ses devoirs de parent: «Même si elle me fait une crise, même s'il me boude, je dois lui dire non.» Il doit se tenir à jour par rapport à l'évolution de l'adolescent. «L'année dernière, je ne lui aurais pas permis telle chose. Mais peut-être est-il maintenant prêt à faire cette expérience.» Le parent doit souvent faire ce discernement rapidement parce que l'adolescent est sur le point de sortir et qu'il attend une réponse, contre laquelle il est prêt à se rebeller si elle ne lui convient pas.

Pour faire face aux incertitudes et aux questionnements suscités par l'évolution de l'adolescent, le parent doit entretenir sa confiance en lui-même. Or, se rappeler qu'on est un bon parent malgré ses limites n'est pas chose facile quand on vit avec un adolescent. On sait que l'adolescent «désidéalise» ses parents en émettant régulièrement l'opinion qu'ils sont vieux jeu, injustes, incompréhensifs et rigides. Être fréquemment informé sur ses limites personnelles n'aide pas quelqu'un à développer la confiance en soi.

D'un côté donc, l'adolescent s'acharne, par moments du moins, à prouver à ses parents qu'ils sont incompétents. De l'autre, il devient angoissé si les parents «achètent» cela parce qu'il a encore besoin d'eux, malgré ce qu'il en dit. On encourage beaucoup les parents à faire confiance à leurs enfants et à leur donner le «bénéfice du doute». Voici, cependant, une circonstance où ce n'est pas utile de croire l'adolescent! L'opinion négative que l'adolescent a de ses parents qui font courageusement leur travail d'éducateurs n'est pas celle que les parents doivent avoir d'eux-mêmes. Quand le parent s'occupe d'entretenir une bonne estime de lui-même, quand il se reconnaît comme limité et imparfait mais quand même digne d'estime, quand il utilise les ressources mises à sa disposition pour s'approfondir dans son rôle de parent, il est un parent *puissant*. Et c'est ce dont les adolescents ont besoin, même s'ils ne l'avoueront pas ouvertement.

NOTE: Dans la deuxième partie de ce livre, vous pourrez constater que ces trois «P» se concrétisent sous forme d'habiletés. Les parents qui montrent de la puissance en offrant protection et permissions aident leur adolescent à intégrer la capacité de se protéger lui-même, de s'accorder des permissions et ainsi de devenir puissant. C'est la création de l'autonomie.

Pour ceux et celles qui veulent réfléchir davantage

La vie avec un adolescent peut donner au parent l'impression de vivre sur la voie rapide d'une autoroute. Tout va vite, le parent doit souvent prendre des décisions très rapidement. Parfois, cependant, il veut s'arrêter pour approfondir sa réflexion par rapport à une situation problématique. Dans les pages suivantes, nous proposons d'abord un modèle pour le faire. Nous y ajoutons ensuite l'exemple d'une réflexion faite par une mère de famille qui a utilisé ce modèle. Peut-être celui-ci vous donnera-t-il certaines pistes pour résoudre un problème qui vous préoccupe particulièrement dans votre relation avec votre enfant adolescent.

Pour se préparer à résoudre un problème

1.   *Décrire le comportement qui fait problème*

Nous vous invitons ici à décrire un *comportement* plutôt qu'une *attitude*. Une attitude est toujours traduite par un comportement concret.

En quelques mots, décrivez la situation où quelque chose va mal.

Identifiez *qui* souffre de cette situation: l'adolescent ou vous-même? Ou les deux? C'est important de le préciser, car seul celui qui souffre d'un problème va s'efforcer d'y remédier! Par exemple, la situation où un adolescent monopolise le téléphone peut être problématique pour les parents, mais elle ne l'est pas nécessairement pour le jeune. C'est le parent qui devra voir à régler ce problème. Ne pas se croire assez belle pour attirer le regard des garçons est problématique pour une adolescente, mais pas pour ses parents qui reconnaissent la beauté de leur fille. C'est la fille qui devra voir à régler ce problème, peut-être avec l'aide des parents. La situation où un adolescent est grossier envers ses parents et ses frères et sœurs n'est pas un problème que pour ses parents, c'en est aussi un pour lui-même qui se sent coupable de cette violence et ne sait comment y faire face.

2.   Observer l'adolescent

Observez votre adolescent dans le *temps*: quand le comportement a-t-il été affiché pour la première fois? À quelle fréquence le problème se présente-t-il? À quel moment de la journée, de la semaine, du mois? Durant quelle saison?

Observez votre adolescent dans son *espace*: où est-il quand il a ce comportement? À l'école, à la maison, chez ses amis, dans la rue? Est-il seul ou avec d'autres? En présence de qui?

Quel *sentiment* l'adolescent semble-t-il éprouver lorsqu'il affiche ce comportement? Semble-t-il fâché, peiné, inquiet, joyeux?

Y a-t-il des *patterns*, des épisodes qui se répètent selon le même modèle? Lesquels?

L'adolescent parle-t-il de cette situation? À qui en parle-t-il? Que fait-il pour résoudre le problème?

Comment l'adolescent se traite-t-il par rapport à cette situation? Se blâme-t-il? Se sent-il coupable? Se punit-il? S'en vante-t-il?

3.   S'observer soi-même

Quels sentiments éprouvez-vous par rapport au comportement qui fait problème? Êtes-vous fâché, triste, inquiet?

Que vous dites-vous à votre propre sujet par rapport à cette situation? Que vous dites-vous au sujet de votre adolescent?

Cette situation vous rappelle-t-elle quelque chose de votre propre histoire? Quoi au juste? À votre adolescence, avez-vous adopté un comportement semblable? Ou un comportement tout à fait opposé?

Quel comportement êtes-vous spontanément porté à adopter dans cette situation?

Comment réagiriez-vous si quelqu'un d'autre que votre adolescent affichait le même comportement?

Dans une situation semblable, comment vos propres parents auraient-ils réagi? Leur exemple est-il une inspiration?

Qu'est-ce qui vous a été dit ou enseigné au sujet de ce genre de situation? Quels étaient les préjugés, les proverbes, les opinions de votre famille d'origine sur le sujet?

Demandez-vous ce que vous êtes en train d'apprendre à ce moment-ci. Quel défi avez-vous à relever? Vous affirmer, poser des limites, lâcher prise?

4. *Discerner les besoins de l'adolescent*

Demandez-vous ce que l'adolescent doit apprendre dans cette situation.

Demandez-vous de quelle protection (restrictions et confrontation) l'adolescent a besoin à ce moment-ci.

Demandez-vous de quels encouragements (permissions et soutien) l'adolescent a besoin.

5. *Identifier les ressources disponibles*

Faites la liste de toutes les ressources qui sont à votre disposition pour vous soutenir dans la résolution du problème: amis, membres de la famille, voisins, professeurs. Ce peut être aussi des ressources matérielles, par exemple des livres ou quelques économies, ou encore des organismes communautaires (CLSC, écoles, organismes paroissiaux), etc. Ayez confiance: l'univers peut être généreux et beaucoup de gens sont prêts à aider. Votre entourage offre ce qu'il faut pour résoudre votre problème.

6. *Inventer quelque chose de nouveau*

Ayez l'audace de créer, d'inventer une nouvelle façon de composer avec la situation en utilisant les ressources que vous avez identifiées. Vous allez sans doute découvrir que l'adolescent lui-même est la ressource principale pour résoudre le problème et que, souvent, un problème disparaît avec une bonne communication.

Il est parfois utile de faire exactement l'inverse de ce qu'on serait porté à faire (pouffer de rire au lieu de se fâcher, par exemple). Essayez quelque chose, évaluez les résultats, améliorez votre invention et... recommencez.

Un exemple de résolution de problème: une mère raconte

1.   Décrire le comportement qui fait problème

Il y a quelque temps, j'ai découvert que mon fils de quinze ans et ses deux amis louaient des films pornos. Ils ne les regardaient pas chez nous. J'ai réagi avec colère: j'ai dit à mon fils que je lui couperais son argent de poche s'il l'utilisait pour regarder de la cochonnerie et que j'avertirais la mère de ses amis (je ne l'ai pas fait). Mon fils m'a ri au nez. Selon lui, il n'y avait rien là, j'étais vieux jeu, tout le monde regardait de tels films, ce qu'il voyait dans ces films ne l'influençait pas et je ne pouvais pas l'empêcher d'en regarder.

C'est clair que c'est un problème pour moi, mais pas pour lui ni pour mon mari. Ce dernier dit que tous les gars font ce genre de choses. Même que, de temps en temps, lui-même regarde les revues pornos qu'un de ses collègues apporte au bureau. Je n'ai pas aimé apprendre ça.

2.   Observer l'adolescent

Il n'y a rien de nouveau à observer chez René depuis la fois où je lui ai fait une «sortie». Il se tient encore avec ces mêmes amis et c'est clair qu'il continue à louer des films pornos. Lui n'a pas l'air de penser que c'est un problème. Quand j'ai voulu aborder le sujet de nouveau, il m'a dit de me mêler de mes affaires, que c'est moi qui suis «pognée» sexuellement, pas lui.

3.   S'observer soi-même

J'ai tous les sentiments négatifs possibles par rapport à cette situation. Je suis fâchée parce que je pense que mon fils se moque de mes valeurs. Je suis triste parce que je pense qu'il s'habitue à ne pas respecter les femmes. Je suis inquiète parce que je pense qu'il développe mal sa sexualité.

Je crois que je n'aurais pas dû lui en parler quand j'ai découvert qu'il louait des films pornos: ça a créé une distance entre nous deux. Je me dis aussi que je n'ai pas réussi à transmettre des valeurs saines à mon fils. Et que René est comme tous les hommes: d'un côté, ils veulent que leur femme soit une vierge, une pure, une sainte femme. De l'autre côté, ils s'intéressent aux femmes dans les revues pornos.

Chez nous, dans ma famille d'origine, ce genre de comportement n'aurait pas été toléré. Le problème se posait moins, il n'y avait pas de films pornos disponibles, du moins, pas facilement comme aujourd'hui. Mon père était bien strict sur la sexualité. Il nous avertissait toujours, nous les filles, de faire attention aux garçons: il disait qu'il savait ce que les garçons voulaient. Au début, on ne comprenait pas grand-chose, mais à la longue on a mieux compris. C'est drôle que mon père ait été si sévère par rapport à la sexualité, parce qu'on a appris, il y a quelques années, le gros secret de famille: mon père avait eu une aventure et un enfant de sa maîtresse. Pour un homme sévère, il a fait une «moyenne» incartade qui a dû blesser ma mère profondément.

Si un autre que René avait ce comportement, je dirais probablement à sa mère de se calmer, que ce n'est pas la fin du monde. Mais pour moi, c'est la fin du monde, d'une certaine façon. Peut-être que je surréagis, je ne sais pas.

Je pense que j'ai à apprendre que mon gars n'est pas un si «bon» petit gars que je le croyais. Je pense qu'il me lance au visage que je ne peux pas le contrôler tout le temps (c'est vrai). Mais il n'en reste pas moins que je désapprouve ce comportement insultant pour les femmes et dégradant pour les hommes. Et je veux que René entende mes opinions là-dessus.

4.   Discerner les besoins de l'adolescent

Selon moi, René est en train de montrer qu'il est différent de moi. Je dis ça parce que j'ai vu une émission récemment où le psychologue disait que c'est très important pour les adolescents d'affirmer qu'ils ne sont pas comme leurs parents. Je pense qu'il a à apprendre qu'on est influencé par notre environnement, que ce qu'on voit et lit nous influence. À ce moment-ci, il fait son coq: il sait tout, il n'est pas influençable, il est au-dessus de tout. Il a besoin d'apprendre à nourrir son cerveau convenablement.

Je pense aussi qu'il a probablement besoin d'avoir mon opinion. D'un côté, il la refuse. D'un autre côté, il a besoin que nous reparlions de tout ça, mais il ne le dirait pas. Par exemple, il a laissé la facture du film qu'il avait loué dans la poche du pantalon qu'il avait mis au linge sale pour que je la découvre.

Je pense qu'il a besoin de conversations sur des sujets plus intéressants pour lui que les femmes nues à gros seins. Ces temps-ci, son père et moi sommes très occupés avec notre commerce, même que ça fait longtemps que nous n'avons pas soupé avec René.

5.   Identifier les ressources disponibles

Je crois qu'une partie de moi surréagit à cause de l'hypocrisie de mon père. À un moment donné, j'avais fait une sorte de burn-out et j'avais consulté une psychothérapeute qui m'avait aidée à retrouver mon équilibre. Je pourrais d'ailleurs la consulter de nouveau si je n'arrive pas à reprendre contact avec René.

Il y a des livres, mais je n'ai pas toujours le temps de lire et je tombe endormie dès que je m'installe pour le faire. Ma sœur lit beaucoup, elle, et je suis proche d'elle. Je pourrais prendre un week-end de congé et aller lui rendre visite à Québec. Ça me ferait du bien de laisser René, son frère et son père seuls pour deux jours. Je suis un peu fatiguée d'être entourée de représentants du sexe masculin. On dirait qu'il faut toujours que je me batte pour faire valoir mon point de vue.

6.   Inventer quelque chose de nouveau
(Témoignage raconté après coup)

J'ai décidé d'attendre un peu avant de reparler de tout ça avec René. Je savais qu'une partie de moi surréagissait et j'ai décidé de voir ce qui se passait. Ça faisait d'ailleurs quelque temps que René louait des films pornos. Un de plus ou de moins, ça ne ferait pas autant de différence que ça. J'ai saisi l'occasion pour aller voir ma sœur et nous avons bien parlé de la situation. Nous avons aussi magasiné et mangé un bon repas au restaurant. Nous avons levé nos verres à la santé de René: je ne me serais pas permis cette sortie si je n'avais pas eu ce problème avec lui! Puis nous avons loué un film porno, seulement pour voir ce dont il s'agissait. Je me suis sentie coupable d'encourager cette industrie, mais selon ma sœur, cela me permettrait de me former une opinion intelligente sur la question. Elle m'a fait remarquer des choses importantes. J'ai quand même trouvé que le film était dégradant. Nous ne l'avons pas regardé au complet.

Finalement, j'ai décidé de parler à René et de lui donner mon opinion sur la question. Je lui ai dit que je voulais lui parler, je lui ai demandé s'il était prêt à m'écouter. Oui, il était prêt.

Je lui ai dit:

1)   que j'avais surréagi en voulant lui enlever son argent de poche parce qu'il avait loué des films pornos;

2)   que j'avais surréagi parce que j'étais inquiète;

3)   que j'étais inquiète parce que j'avais l'impression que des films pornos, ce n'est pas une bonne façon d'apprendre des choses sur les femmes: dans les films, les femmes ne parlent pas d'une façon intelligente, on ne montre pas qu'elles ont des opinions. Dans les revues, les femmes ne parlent pas, elles se font regarder, c'est tout. J'ai expliqué à René que c'était là mon inquiétude: à l'époque où il doit apprendre à se lier avec les femmes, à les connaître, à se rapprocher d'elles, il fait quelque chose qui le tient loin d'elles;

4)   que je ne me mêlerais pas d'essayer de contrôler son comportement quand il n'est pas à la maison, mais que je continuerais à donner mon opinion;

5)   que je ne voulais pas qu'il regarde les films chez nous, parce que son frère Matthieu, qui a dix ans, pense que son grand frère est un dieu: ce que René fait, c'est sacré. Je lui ai expliqué que ce n'était pas de

l'hypocrisie, mais simplement que ce genre d'activités était privé, à mon avis du moins.

René a été pas mal bon. Il a tout écouté, même s'il soupirait, signe universel des adolescents pour montrer que les grandes personnes sont imbéciles. Il n'a pas réagi à mes opinions, mais il était estomaqué que sa tante et moi ayons loué un film porno. Il était presque indigné. Il a même dit: «C'est pas des choses que tu devrais regarder.» Quand je lui ai demandé pourquoi, il ne savait pas trop quoi dire.

Je ne sais pas s'il y a un lien entre cette conversation et le fait que René et moi avons retrouvé notre capacité de nous parler. Maintenant, il parle davantage des filles. L'autre jour, il me demandait: «Qu'est-ce que les femmes veulent des hommes?» Je lui ai répondu: «Elles veulent être entendues au complet.» On a eu une grande discussion à ce sujet. Ces temps-ci, la mécanique automobile semble l'intéresser beaucoup. Il dit qu'il se prépare car à seize ans, il voudrait bien avoir son permis de conduire. Qu'il se prépare tant qu'il veut. Moi, j'ai à décider si je le laisserai conduire à seize ans. Seize ans, ce n'est pas nécessairement suffisant pour conduire. Mais ça, c'est autre chose.

Note: Vous trouverez en annexe, p. 185, un résumé des phases du développement de l'adolescence.

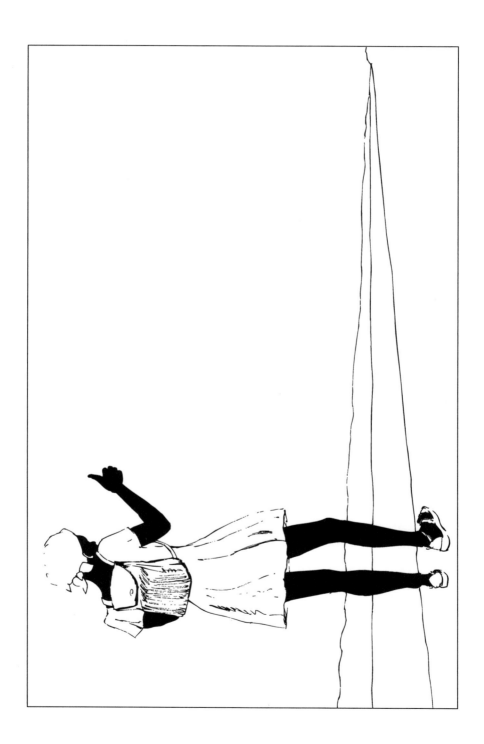

Deuxième partie

Les parents et les adolescents face aux défis de l'adolescence

Dans les quatorze chapitres suivants, nous verrons des adultes et des adolescents interagir dans diverses situations. Nous ne proposons pas l'histoire de ces personnes comme un exemple à suivre. Nous souhaitons tout simplement que nos lecteurs s'en inspirent pour créer leurs propres façons de garder le lien avec leurs adolescents à travers les hauts et les bas de la vie quotidienne.

Arriver, c'est rien,
t'occupe pas de ceux
qui se lamentationnent:
on n'arrive pas...
on n'arrivera jamais à arriver. Ça compte pas.
Partir! C'est ça qui compte.

Marc Favreau (SOL)

I

La «désidéalisation»

Vivre
dans un monde imparfait

L'adolescent, c'est un enfant en train de devenir adulte. Il réclame sa place parmi les «grandes personnes» et il manifeste de plus en plus d'indépendance. Pour créer son autonomie, il doit se détacher de ses parents et, pour ce faire, il leur trouve toutes sortes de défauts et de limites.

Cette situation invite le parent à s'interroger sur ses propres attitudes et comportements.

Est-il capable d'avoir de l'humour par rapport à ses limites?

Sait-il se réjouir des choses qu'il fait bien?

Se donne-t-il des moyens concrets pour entretenir son estime personnelle?

Un adolescent de dix-sept ans raconte

Si on me demandait de décrire ma mère, je dirais qu'elle est une personne un peu timide, très bonne pour ses enfants. Comme toute mère de famille, elle exagère certaines choses, par exemple quand elle insiste pour que mon frère et moi fassions notre lit avant de partir pour l'école. Elle ne se rend pas compte qu'il y a des choses plus importantes dans la vie que de faire son lit le matin! Par ailleurs, elle n'accorde pas assez d'importance à la bonne alimentation des adolescents. La preuve, c'est qu'elle ne prépare plus notre lunch, à Éric et à moi. Elle nous trouve maintenant assez vieux pour le faire. Elle ne se rend pas compte que nous, les jeunes, nous sommes très occupés avec les études, les blondes, les sorties et le sport.

Ma mère a beaucoup changé depuis qu'elle s'est séparée de mon père il y a cinq ans. Elle s'est bien prise en main, pour une femme qui n'avait pas travaillé jusque-là. On dirait qu'elle s'est rappelée qu'elle avait une intelligence. Par contre, je trouve qu'elle a exagéré quand elle est retournée aux études pour faire un baccalauréat en communications. Elle voulait communiquer à propos de tout et de rien. Éric et moi devions constamment exprimer nos sentiments même si, la plupart du temps, nous n'en éprouvions pas. Éric, c'est mon frère jumeau.

Ma sœur, elle, avait encore moins de patience que nous envers notre mère. Martine critiquait ma mère à propos de tout, comme si elle était le pire modèle de femme imaginable. Je trouve que Martine exagérait. Elle ne se rendait pas compte que ma mère n'avait pas eu la vie facile avec mon père: il poursuivait sa carrière d'architecte renommé et n'avait jamais le temps de faire des choses avec nous.

Il faut dire que moi aussi, j'ai fait beaucoup de reproches à ma mère. Je ne sais pas au juste pourquoi j'ai agi comme cela. Maman n'en méritait pas la moitié. J'étais fâché contre elle. En quittant mon père, ma mère disait à voix haute que notre famille n'était pas heureuse. Après leur séparation, j'ai eu l'air fou à l'école étant donné que mon père était connu. Les professeurs de dessin et d'arts plastiques auraient donné cher pour avoir une entrevue avec lui. Il n'y avait pas de danger que cela arrive: mon père n'allait jamais chercher les bulletins à l'école.

Après le divorce, ma mère a pris une attitude un peu arrogante. Quand nous la critiquions, elle nous disait: «Allez-y, les gars, critiquez-moi, il est grand temps que vous appreniez que le monde n'est pas fait de gens idéaux. Vous faites bien de vous en rendre compte, ici, dans votre famille. C'est une bonne chose à apprendre quand on se prépare à partir de chez soi.»

Quand ma mère prenait cette attitude-là, c'était plus difficile de la critiquer parce que ça semblait moins l'atteindre. Mais nous le faisions quand même. Aujourd'hui, je trouve qu'Éric et moi manquions un peu de maturité: deux grands gars qui s'attaquent à leur mère, ce n'est pas très gentil. Mais nous aimions lui trouver des défauts. Ça nous faisait du bien d'être comme tout le monde qui a des parents imparfaits. Notre père non plus, nous ne l'avons pas manqué. Nous sommes restés chez lui pendant un an après le divorce parce que nous ne voulions pas quitter notre maison. C'est lui qui l'avait construite, elle était très belle. Au moins, il avait réussi ça.

Après un an, Éric et moi avons demandé à aller vivre chez notre mère, même si elle vivait dans un 5¹/2. Ma mère, au moins, elle nous parlait pour de vrai. Elle nous traitait comme du monde et nous avions de bons souvenirs de notre enfance avec elle. Rendus chez notre mère, nous critiquions tellement notre père qu'elle se sentait obligée de le défendre, elle qui l'avait quitté parce qu'elle ne pouvait plus l'endurer. Ça la forçait, elle l'aurait démoli autant que nous. Mais elle ne l'a jamais fait. Au contraire, elle disait: «Ce que j'ai vécu avec votre père, c'est mon affaire, pas la vôtre. Vous, vous avez à créer *votre* lien avec votre père. Ne vous mêlez pas de ce qui s'est passé entre lui et moi.» Ma mère suivait une thérapie à ce moment-là et c'est certainement pour ça qu'elle parlait ainsi.

Quand j'étais jeune, je trouvais ma mère extraordinaire. Aujourd'hui, je crois que c'est une femme qui a ses défauts comme ses qualités. Mais il y a trois ans, ça m'agaçait vraiment qu'elle ne soit pas aussi disponible et gentille qu'avant. Parfois, maman, qui autrefois avait été tellement soigneuse pour ce qui est de l'alimentation, ne faisait même plus le souper. Elle était occupée à écrire, à lire ou à étudier et elle nous disait: «Fouillez dans le frigo, vous trouverez certainement quelque chose de bon.» Elle avait peut-être pris cette attitude-là parce qu'elle était fatiguée de nous entendre critiquer sa manière de faire la cuisine. Je ne sais pas...

Un jour, j'ai compris que ça fait mal à une mère de se faire toujours critiquer, autant que ça ferait mal à un jeune. Alors, j'ai fait plus attention. J'avais une blonde à ce moment-là et j'étais porté à la critiquer tout le temps aussi. Je voulais qu'elle soit parfaite. J'ai finalement compris qu'une personne parfaite, ça n'existe pas. Mais ce qui m'a vraiment aidé à abandonner la critique systématique, c'est que ma mère s'est mise à rester calme quand nous la critiquions. Elle n'avait pas l'air de *croire* ce que nous disions. Si nous lui disions, par exemple, qu'elle était vieux jeu, elle s'intéressait à nos remarques mais, dans le fond, nos critiques ne l'atteignaient plus parce qu'*elle* ne se percevait pas comme étant vieux jeu. C'est beaucoup moins intéressant de critiquer une personne quand elle ne croit pas ce qu'on lui dit.

Une mère de famille raconte

Ce que j'ai à raconter ici est une histoire intérieure, le genre d'histoires qu'on ne peut voir qu'avec les yeux du cœur.

Il y a cinq ans, je me suis séparée de mon mari. Aux yeux de ma famille, de ma belle-famille et de nos amis, je n'avais pas de raison de le faire. J'avais une belle maison, de beaux enfants en bonne santé. Mon mari était un architecte célèbre. J'avais l'air d'une femme comblée, mais moi, je savais que je ne l'étais pas. J'étais une femme *habituée*. Je m'étais habituée au cours de nos années ensemble à ce que mon mari manifeste une indifférence presque totale envers moi. Je m'étais habituée à ce qu'il ne m'offre pas de souhaits à mon anniversaire de naissance même s'il s'en rappelait la date. Je m'étais habituée à ce qu'il ne réponde pas à mes lettres, à ce qu'il ne veuille pas prendre de vacances avec moi. «Je t'ai à la maison... pourquoi aller ailleurs?» Je m'étais habituée au silence, aux non-réponses, au retrait émotif.

Or, un jour, je me suis déshabituée! Et je me suis avoué que je ne voulais plus subir d'indifférence, que celle-ci était violente et que j'étais en train d'en mourir. Je me suis avoué que je voulais vivre, que j'étais digne d'être regardée. J'ai donc annoncé à mon mari que je le quittais et il m'a répondu que ça ne le dérangeait pas vraiment. Du jour au lendemain, c'était réglé. Personne ne comprenait pourquoi j'avais agi ainsi, sauf quelques amis qui se demandaient bien comment j'avais fait pour rester si longtemps avec cet homme.

C'est à cause des enfants que je suis restée si longtemps avec mon mari. J'avais mis mon énergie affective dans leur éducation. Eux n'étaient pas indifférents à moi! Je m'étais fait un bonheur d'être leur mère, je crois même avoir été une vraie bonne mère. J'avais tant de plaisir à être avec mes enfants que je ne pouvais pas faire autrement que d'être patiente, créative, compréhensive. Nous formions une équipe, les jumeaux, ma fille et moi. J'étais un bon chef!

J'ai brisé tout ça quand j'ai quitté mon mari. Moi qui n'avais jamais dit un mot à mes enfants au sujet des difficultés dans mon mariage, moi qui n'avais jamais laissé soupçonner que j'avais des besoins de femme adulte, moi qui avais su me créer un abri contre les indifférents de ce monde, moi, moi, moi... j'apparaissais. Quelle joie... et quelle peine! Les jumeaux, qui avaient alors douze ans, se sont vraiment révoltés contre moi. Matthieu m'a blâmée en disant: «Papa ne t'a jamais frappée, tu n'as pas d'affaire à le quitter.» Éric, lui, a affirmé que je gâchais la vie de son père. Martine, elle avait dix ans, s'est mise à s'inquiéter de son père: qui allait s'occuper de lui? Les trois ont voulu rester avec leur père. Lui qui n'avait jamais su au juste quoi faire avec les enfants a insisté pour en avoir la garde. Moi qui avais mis ma vie dans l'éducation de mes enfants, j'avais le droit de les voir un soir par semaine et de les «avoir» une fin de semaine sur deux. Et cela quand ils voulaient bien venir chez moi, car chez moi, c'était trop petit, il n'y avait rien d'amusant pour eux, ils étaient loin de leurs amis. Et j'étais maintenant devenue une méchante. Le chef était déchu.

Habituée d'être la mère idéale, et ayant besoin de l'être puisque j'étais moins que rien pour mon mari, j'ai trouvé le détrônement très pénible. En psychothérapie, j'ai compris que je demandais aux enfants de me rassurer sur ma valeur personnelle. Si j'avais accepté l'indifférence de mon mari à mon égard, c'est qu'il y avait une partie de moi qui croyait que je la méritais! Je comprends cela maintenant. Je pourrais blâmer mon mari toute ma vie durant pour son comportement envers moi, mais ce ne serait qu'une façon d'éviter de faire face à une conclusion tirée de mes expériences d'enfance: il me fallait être constamment à la hauteur de ce que les autres attendaient de moi. Or, être une épouse modèle n'avait pas suffi pour m'attirer le respect et l'amour de mon mari. Je m'étais reprise avec les enfants en voulant être la mère idéale. Eux n'auraient rien à me reprocher.

De toute évidence, les enfants n'avaient pas été informés qu'ils n'avaient rien à me reprocher! Des reproches, j'en ai subi pendant des mois. J'étais l'objet des critiques les plus injustes. Si je donnais aux enfants mon opinion sur leurs vêtements, ils la rejetaient d'emblée. Si je proposais de faire un petit voyage ensemble, ils s'esclaffaient devant mon souhait de les amener «faire des voyages de bébé». Si je donnais mon avis sur la situation en Bosnie-Herzégovine, on m'informait qu'il était souhaitable que je n'émette plus jamais d'opinion sur les questions d'actualité! J'ai d'abord attribué cette attitude au bouleversement vécu par les enfants à l'occasion du divorce. Quand j'en ai parlé à ma psychothérapeute, elle m'a dit: «Ne mets pas tous les changements et tous les bouleversements sur le dos de ton divorce. À l'âge qu'ils ont, tes enfants doivent de toute façon te "désidéaliser". Peut-être profitent-ils du divorce pour le faire d'une façon un peu plus concentrée, mais ils doivent franchir cette étape.» Selon elle, je pouvais même profiter de l'occasion pour cesser de me pousser à gagner l'affection des autres en voulant toujours être parfaite.

J'ai donc décidé de profiter de ma séparation «injustifiée» pour montrer aux autres que j'étais loin d'être une femme idéale! Une fois le mythe de l'idéal rompu, allons-y, que je me suis dit. J'ai cessé d'être

patiente envers les enfants quand ils proféraient des paroles grossières. J'ai cessé de les «comprendre dans leur souffrance d'adolescents»! J'ai exigé qu'ils soient au moins polis avec moi et qu'ils me
disent ce qui se passe pour eux quand ils ont envie d'être impolis. J'ai
découvert avec le temps qu'ils étaient fâchés de s'apercevoir que j'ai
des limites, que je ne peux pas tout leur donner, que je ne peux les
exempter de souffrir. Ils m'en veulent pour cela, semble-t-il. Je les
laisse m'en vouloir (ils doivent continuer d'être polis, cependant...),
mais je les comprends, parce que moi aussi, je m'en suis voulu longtemps d'avoir des limites. À ce moment-ci de ma vie, je ne me
reproche ni d'avoir quitté mon mari ni de l'avoir choisi comme
époux. Le travail de mère de trois adolescents est assez accaparant,
Dieu merci, qu'il laisse peu de temps à l'introspection dirigée contre
soi. Non, vraiment, la vie à côté du trône de l'idéal est bien meilleure.
Sur le trône de l'idéal, on est tout seul. À côté, il y a tout plein de gens
vraiment intéressants, quoique imparfaits!

Pour ceux et celles
qui veulent réfléchir davantage

L'adolescent qui s'éveille aux limites de la vie humaine reçoit
un choc! Les parents ne sont pas parfaits, l'univers non plus. Parents
et adolescents doivent développer certaines habiletés pour conserver
leur santé mentale dans cette étape de «désidéalisation».

Pour l'adolescent, l'adolescente

Savoir tolérer certaines choses déplaisantes.
Savoir tolérer les différences personnelles.
Savoir parler en bien des autres.
Cultiver la politesse: apprendre ou réapprendre le «merci»,
    le «s'il vous plaît».

Pour le parent

Savoir marquer ses frontières, ne pas laisser les autres empiéter sur son territoire.

Avoir une bonne opinion de soi.

Savoir tolérer certaines choses déplaisantes.

Savoir exiger des autres le respect de ses droits.

Savoir pratiquer l'écoute active.

Savoir rire de soi, de ses limites, de ses erreurs.

Savoir rompre certains liens qui empêchent de bien vivre.

Savoir se reconnaître comme être limité sans se dénigrer et sans s'en culpabiliser.

Quelles bonnes idées! Je vais m'atteler tout de suite à acquérir ces habiletés.

Un petit devoir facultatif

L'adolescent a besoin de descendre ses parents du «trône». Imaginez que plusieurs années se sont écoulées depuis le moment où vos adolescents ont entrepris de vous détrôner. Vous êtes maintenant presque complètement à côté du trône. Rappelez-vous avec humour combien c'était difficile d'apprendre que les autres se rendaient compte que vous n'étiez pas parfait. Qu'avez-vous appris d'autre à travers cette expérience? Appréciez votre existence dans un monde imparfait, mais combien plus réel. Soyez fier d'avoir aimé votre conjoint et vos enfants malgré vos imperfections et les leurs.

II

L'éveil du désir sexuel

Apprendre à gérer ses impulsions

Parmi les nombreux changements physiques et psychiques qui surviennent à l'adolescence, l'éveil du désir sexuel crée souvent de l'anxiété tant chez les jeunes que chez leurs parents.

Cette situation invite le parent à s'interroger sur ses propres attitudes et comportements.

Est-il à l'aise avec son expression sexuelle?

Considère-t-il le désir sexuel comme une richesse ou comme la source de bien des problèmes?

Quel est l'état de son propre désir sexuel? A-t-il encore de l'attirance pour son partenaire?

Sait-il maîtriser l'expression de son désir sexuel?

Un adolescent de seize ans raconte

Il y a deux ans, j'ai presque raté mon année scolaire. Je n'arrivais plus à me concentrer sur mes études. Pour dire la vérité, tout ce qui m'intéressait à l'école, c'était les filles. J'étais très intrigué par les filles, j'aurais voulu les voir nues. Je me demandais ce que ça ferait de les toucher. J'imaginais toutes sortes de choses à leur sujet. Je passais des heures dans ma chambre à rêver à elles. Je ne faisais de mal à personne, mais je me sentais terriblement coupable et je ne savais même pas pourquoi. Mes parents m'avaient souvent dit qu'il existe une bonne façon de savoir si on fait quelque chose de mal: on n'a qu'à se demander si on aurait honte que d'autres sachent ce que l'on fait. C'était une bonne technique pendant mon enfance pour distinguer le bien du mal, mais elle ne fonctionnait plus pour moi.

Je n'aurais jamais parlé de mes pensées à mes parents: ils auraient paniqué! Ils auraient voulu m'entraîner dans leurs assemblées religieuses pour me faire pardonner mes fautes. Je ne comprenais pas pourquoi je ne parvenais pas à contrôler mes propres idées. Je me disais que j'étais en train de devenir fou ou obsédé sexuel, ou quelque chose du genre. C'était l'enfer. Pendant deux semaines, j'ai eu une blonde. Ça n'a pas marché entre nous. Moi, je voulais toujours l'embrasser et elle, elle voulait toujours que je lui parle de ce que je vivais en dedans de moi. La mère de Claudia était psychologue, elle lui avait appris l'importance d'une bonne communication. Je ne pouvais tout de même pas dire à Claudia que ce qui se passait en dedans de moi, c'est que je voulais aller dans un motel avec elle. Là, on aurait communiqué, croyez-moi!

J'en étais venu à croire que j'étais anormal d'avoir ces idées. Pourtant, je ne manquais pas d'information. Je savais comment on fait l'amour. Nous avions eu des cours à l'école, puis ma mère m'avait donné des livres sur la sexualité quand j'étais plus jeune. Mais toute l'information du monde n'aurait pas pu me préparer à ressentir ce que je ressentais.

La première fois que j'ai eu une émission nocturne, je savais ce qui m'arrivait. Mais je me suis quand même imaginé que c'était de ma faute. En effet, avant de me coucher, j'avais mis pas mal de temps pour avoir mes fantaisies au sujet des filles. J'avais peur que ma mère découvre ce qui se passait. Alors, avant de mettre mon pyjama au linge sale, je l'ai rincé en cachette pour enlever le gros des taches. Ce qui a augmenté ma culpabilité, c'est que je me «touchais» de plus en plus. Je me disais que ça m'aiderait à contrôler mon problème de nuit. Mais dans le fond, c'était seulement des excuses parce que j'aimais beaucoup ça. Avant de le faire, je me disais que ce serait la dernière fois, mais j'avais toujours envie de recommencer. Puis, ce qui me dérangeait beaucoup aussi, c'est que j'étais curieux au sujet des autres garçons de mon âge. Je voulais savoir si eux aussi se masturbaient et s'ils avaient déjà fait l'amour au complet. J'étais convaincu d'être un pervers sexuel.

C'est un de mes professeurs qui m'a aidé à comprendre, sans même qu'il le sache, que je n'étais pas anormal. Un jour, en classe, nous discutions de l'emprise de la politique et de la religion sur la vie des gens. Le professeur a dit que, dans certaines religions, on essayait de contrôler les individus en leur dictant ce qui est bon ou mauvais pour eux sur le plan sexuel. Il a donné comme exemple certaines Églises qui définissent la masturbation comme un péché. Le professeur nous a donné son opinion: la masturbation est un comportement qui n'est en soi ni bon ni mauvais et ce n'est pas utile d'en faire une question morale. Les gars de la classe ricanaient pendant l'explication du professeur, et moi aussi, mais je dois avouer avoir été beaucoup rassuré. Au souper, pour montrer à mes parents que c'était fini l'époque où ils pouvaient contrôler ma vie, j'ai glissé dans la conversation les propos du professeur. J'ai pensé qu'ils allaient exploser!

Ce qui m'a surtout aidé, c'est de parler à mon cousin Alain. Alain est plus vieux que moi, mais il m'a toujours respecté. Il ne m'a jamais traité en bébé, même quand nous étions plus jeunes. Il étudie la médecine dans une autre province, je ne le vois plus souvent. Quand Alain est venu nous voir ce Noël-là, il a bien remarqué que j'avais beaucoup grandi et changé. Je ne sais pas comment cela a commencé, mais nous avons eu une très bonne conversation au sujet du sexe et des filles. Alain m'a raconté comment il avait trouvé difficile le début de son adolescence par rapport au sexe. J'étais surpris de l'entendre parce que je pensais qu'il n'avait jamais eu de problèmes tellement je l'admirais quand j'étais petit. Nous nous sommes parlé comme des vrais amis, je n'étais pas gêné du tout. Selon mon cousin, le désir de se masturber, c'est peut-être une manière pour le corps de s'ajuster au changement hormonal. Ce qui est important, c'est d'évaluer ce comportement par rapport à ses valeurs. Par exemple, la masturbation nous empêche-t-elle de commencer à parler pour de vrai aux filles? En parlant avec Alain, j'ai compris que je n'étais pas un obsédé sexuel. Ça fait du bien de savoir qu'on est normal.

Une mère de famille raconte

Christian, notre deuxième fils, entre dans une phase semblable à celle que son frère aîné a connue il y a environ deux ans. Il a le même type de comportement que Michel avait au même âge. Il passe des heures dans sa chambre, la porte bien fermée, et ce n'est pas pour étudier. Ses notes ont baissé depuis le dernier trimestre. On dirait que ces enfants-là, plus ils poussent, plus leurs notes baissent. Ça ne m'inquiète pas autant que quand c'est arrivé à Michel. Je pense que ça va se replacer d'ici quelques mois.

Quand Michel a traversé cette phase, j'étais très mal à l'aise de penser à ce qu'il faisait dans sa chambre. Je savais bien qu'il avait commencé à avoir des émissions nocturnes. Je fais la lessive, après tout! Jamais je ne lui aurais reproché. Mais j'aimais moins l'idée qu'il fasse ça volontairement. Et je trouvais qu'il perdait beaucoup de temps à rêvasser.

J'avais décidé de ne rien dire à Michel. Je me disais que ça passerait. De toutes façons, j'aurais été trop gênée de lui en glisser un mot. J'ai demandé à mon mari de lui parler d'homme à homme, mais il n'a pas voulu. Il a dit qu'il s'était démêlé tout seul avec ses problèmes à l'adolescence et que c'était préférable de ne pas nous mêler des affaires de Michel. Je soupçonne que lui aussi était gêné d'en parler à notre fils.

J'avais donc décidé de laisser faire. Mais un soir, à table, le beau Michel annonce que, selon un de ses professeurs, la masturbation, c'est normal, et pas juste normal, c'est même bon. La personne qui ne le fait pas sera justement celle qui aura des problèmes plus tard. Le professeur aurait aussi dit qu'il était temps que la religion arrête de se mêler de la sexualité des gens. Moi, j'ai été élevée dans la religion catholique mais, il y a quelques années, j'ai changé d'Église. Je trouvais que l'Église n'arrivait plus à se prononcer clairement sur les problèmes d'aujourd'hui. À entendre le curé de notre paroisse, chacun doit maintenant fouiller dans sa conscience pour trouver ses réponses, comme s'il n'y avait plus lieu d'obéir aux commandements. Je me suis jointe à une autre Église pour obtenir des conseils plus clairs.

J'ai mal réagi quand Michel a fait cette déclaration. Qu'un professeur qui a du travail grâce à nos impôts se permette d'approuver un comportement douteux en blâmant la religion, ça me dépassait. J'ai donc décidé de porter plainte contre ce professeur. Je me suis informée auprès de la commission scolaire sur les procédures à suivre, et j'ai tout écrit ce que j'avais à dire. J'étais «partie en grande». Je vois cela aujourd'hui mais, à l'époque, je ne m'en rendais pas compte. J'ai décidé d'en parler à notre voisine, Louise, qui est travailleuse communautaire dans un CLSC. Elle a l'habitude d'aider les gens brimés dans leurs droits. Je me disais qu'elle pourrait me donner des trucs pour gagner ma cause contre le professeur.

Louise a pris le temps de bien lire mes notes. Elle m'a même félicitée pour le soin que j'avais mis à monter ce dossier. Puis elle m'a donné son opinion sur ma démarche: «Tu t'es bien préparée pour ta bataille avec ce professeur. Mais demande-toi si c'est vraiment avec lui que tu dois te battre. Dans la vie, c'est important de choisir où mettre son énergie. Ça me frappe que tu veuilles parler à la commission scolaire d'un professeur. Il me semble que c'est à ton fils que tu devrais parler. Ou à toi-même.»

Nous avons beaucoup discuté, Louise et moi. Mais c'est surtout moi et moi-même qui nous sommes parlé à la suite de ces événements! J'ai pris conscience de mon malaise par rapport à la sexualité. J'ai dû m'avouer que les phénomènes sexuels masculins me faisaient peur. Et avec Michel qui grandissait, voici qu'il y avait un autre homme dans la maison. J'étais confuse à cause des enseignements de mon Église sur la sexualité. Maintenant, je ne fréquente aucune Église. Je me trouve trop influençable à ce moment-ci et j'ai encore trop tendance à prendre à la lettre tout ce qu'on m'enseigne. Je me donne une période de repos pendant que je définis *mes* valeurs.

Michel nous a rendu service, à mon mari et moi, sans le savoir. Ça n'allait pas très bien alors entre nous deux sur le plan sexuel. Je n'avais jamais vraiment aimé faire l'amour. Mon mari disait que j'étais inhibée; moi, je trouvais qu'il en demandait trop. Nous avons consulté un thérapeute conjugal, ce qui nous a beaucoup aidés. Je n'entrerai pas dans les détails ici, mais ça va mieux maintenant.

Pour revenir à Michel, je suis plus à l'aise avec le fait qu'il développe sa sexualité d'homme. Je ne lui ai jamais parlé de masturbation. D'abord, je n'avais pas de preuve qu'il le faisait, et puis je me suis dit que c'est une chose personnelle. Mais s'il m'en avait parlé, j'aurais été capable d'en discuter avec lui. Un jour cependant, je lui ai dit: «Je sais que les émissions nocturnes, c'est normal. Tu n'es pas obligé d'être gêné par rapport à tes draps et à tes pyjamas. Ça ne me cause pas plus de travail.» J'ai compris autre chose: quand Michel nous avait rapporté les propos du professeur, il nous disait indirectement que c'était fini l'époque où nous dirigions sa vie. Maintenant, quand il nous rapporte des propos d'autres personnes pour nous faire réagir, je lui dis simplement: «C'est intéressant d'entendre des opinions différentes. Ça va t'aider à former les tiennes.» Ce garçon va s'en aller dans la vie bientôt. C'est important pour lui de former ses propres opinions. Son père et moi, nous ne serons pas toujours derrière lui pour lui dire quoi penser. Et c'est tant mieux!

Pour ceux et celles
qui veulent réfléchir davantage

L'éveil du désir sexuel chez l'adolescent exige de celui-ci qu'il acquière plusieurs habiletés. Pour l'aider dans cette étape, le parent doit également acquérir ou consolider plusieurs habiletés.

Pour l'adolescent, l'adolescente

Savoir regarder et toucher une autre personne avec respect et affection.

Savoir utiliser la vue, l'ouïe, le toucher, l'odorat et le goût pour interagir avec l'univers et mieux le comprendre.

Avoir une bonne estime de soi.

Savoir distinguer entre ses pensées, ses sentiments et ses comportements.

Savoir retarder sa satisfaction et bien diriger ses impulsions.

Être aimable. Savoir reconnaître les manifestations d'amour de l'autre même si elles ne sont pas semblables aux siennes.

Avoir de saines habitudes de vie par rapport à l'alimentation, à l'exercice physique, à l'hygiène.

Éviter de blâmer les autres pour ses propres actions.

Pour le parent

Se ressentir comme un être sexuel et être à l'aise avec cela.

Avoir une bonne opinion de soi.

Savoir entreprendre des démarches difficiles, par exemple aborder les questions sexuelles avec les enfants.

Savoir rire de soi, de ses limites et de ses erreurs.

Disposer d'un vocabulaire assez riche pour traduire ses pensées et ses sentiments avec précision.

Savoir échanger de l'information, mais aussi révéler des choses plus intimes.

Pratiquer l'écoute active.

Accorder de l'importance à ses liens avec les autres.

Les auteurs m'aident à améliorer mon caractère.

Un petit devoir facultatif

Qui nous dira avec certitude ce qui est bien et ce qui est mal?
Imaginez que cinq ans se sont écoulés depuis le temps où il
vous semblait très urgent d'enseigner à votre enfant à distinguer le bien du mal. Quel stress! Vous constatez maintenant
des changements chez votre enfant et chez vous-même. Quels
sont-ils? Appréciez-vous pour avoir eu le courage de renoncer à être parfait, à tout savoir et surtout à tout contrôler chez
votre enfant. Laissez-vous jouir de cette nouvelle liberté
acquise en ayant confiance en vous-même et en votre enfant
devenu grand.

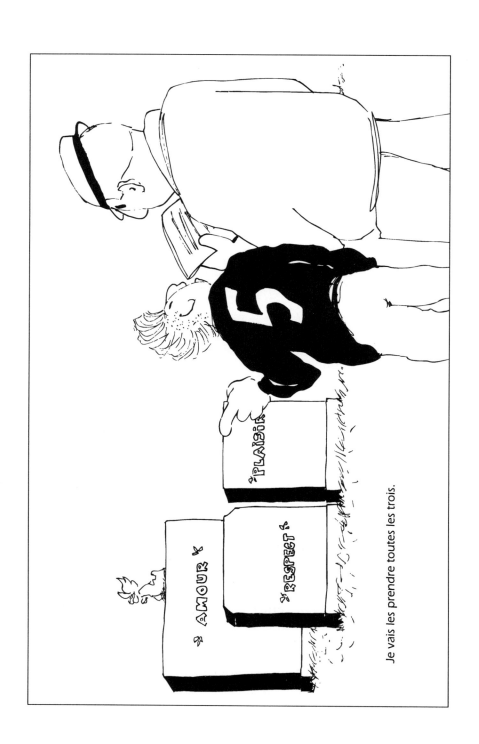

Je vais les prendre toutes les trois.

III

Le suicide

Choisir de vivre

Après tous les efforts fournis par les parents pour protéger leur enfant, c'est un choc d'apprendre que cet enfant peut vouloir mettre fin à sa vie. La question du suicide chez les adolescents n'affectera pas toutes les familles de la même façon, mais elle invite chaque parent à s'interroger sur ses propres attitudes et comportements.

Quel sens donne-t-il à sa propre vie?

Met-il sa santé et sa vie en danger par la consommation excessive d'alcool, le tabagisme, la conduite dangereuse de la voiture, la violence, etc.?

A-t-il l'impression de pouvoir modifier le cours de son existence, d'avoir prise sur son destin?

Un adolescent de seize ans raconte

Je viens de passer une période difficile, mais maintenant ça va mieux. Tout a commencé quand Charles, notre professeur de géographie humaine, nous a proposé un exercice. C'était plutôt bizarre comme exercice. Il fallait dessiner notre propre pierre tombale et faire semblant de la découvrir dans un cimetière d'un pays étranger. Je n'avais jamais fait quelque chose de semblable. Tout d'abord, je ne savais pas quoi inscrire sur ma pierre tombale. Finalement, j'ai écrit: «Il est mort. Ce n'est pas trop tôt.» Quand Charles a vu ça, il m'a demandé discrètement si je pensais à me suicider. Il est inquiet depuis que deux élèves et un professeur se sont suicidés l'an dernier.

Moi, je n'ai pas envie de me tuer. Parfois, quand j'ai des problèmes, je me dis que ça serait reposant d'être mort, mais de là à me suicider, non. Les commentaires de Charles m'ont quand même fait réfléchir. J'ai commencé à me demander pourquoi j'avais écrit ces mots.

Ma blonde Nathalie, qui est dans la même classe que moi, avait écrit, elle, sur sa pierre tombale: «Elle a beaucoup aidé les autres en les soignant bien.» Je comprenais pourquoi Nathalie avait écrit cela. C'est qu'elle veut devenir médecin. Mais je ne comprenais pas le sens de ma propre inscription. Quelques jours plus tard, j'ai reçu un appel téléphonique de mon père. Nous ne nous parlons pas souvent. Lui me téléphone rarement et moi, je ne vais plus le voir. Nous ne nous comprenons pas. Puis tant que mon père ne paiera pas la pension alimentaire qu'il doit à ma mère, je n'ai pas l'intention de lui rendre visite. Ce jour-là, mon père m'appelait pour se plaindre que je n'allais plus le voir. Il disait que je lui manquais, qu'il faudrait faire quelque chose ensemble. Je m'apercevais, même au téléphone, qu'il avait bu. J'ai coupé la conversation. Je me disais, en remontant dans ma chambre: «Le plus tôt qu'il va disparaître de ma vie, celui-là, le mieux ce sera.» Et tout à coup, ça m'a frappé: je pensais de lui ce que j'avais dit de *moi* sur ma pierre tombale. J'ai tout de suite téléphoné à Nathalie pour lui parler de cette découverte. Nathalie m'a dit: «Tu fais semblant d'être indifférent envers ton père parce que tu ne veux pas t'avouer combien tu es fâché contre lui.» Nathalie devrait étudier la psychologie tellement elle saisit bien ce qui se passe chez moi. Mais elle veut devenir médecin.

J'ai alors vécu une colère terrible contre mon père. Une colère tellement forte que je faisais des plans pour le tuer si jamais je le voyais encore en état d'ébriété. Ça m'a fait peur d'avoir ces pensées. Je craignais de perdre le contrôle. J'ai fini par aller en parler à Jocelyne, la psychologue qui était venue dans notre classe pour l'exercice de la pierre tombale. Elle m'a aidé à comprendre que je souhaitais que mon père disparaisse, mais que je ne pouvais pas avouer cela. Alors je me disais que c'est moi qui devais disparaître le plus tôt possible. C'est compliqué à expliquer, mais j'ai mieux saisi ce qui se passe en dedans de moi. Au cours d'une de nos conversations, Jocelyne m'a fait comprendre aussi que je pouvais changer l'inscription de ma pierre tombale, que je pouvais en composer une pour *ma* vie comme je voulais la vivre. J'en ai écrit cinq autres, je n'arrivais pas à décider laquelle me convenait le mieux. Un jour, je finirai par choisir. Jocelyne disait que c'est seulement après la mort que nos paroles sont coulées dans le ciment. Avant ça, on peut changer son inscription chaque fois qu'on en a envie.

J'ai aussi changé d'attitude envers mon père. Ça me dérange moins maintenant quand il me téléphone alors qu'il a bu. Je lui dis que je le rappellerai. Je le fais le matin puisqu'il commence habituellement à boire seulement vers seize heures.

Nathalie a trouvé l'exercice de la pierre tombale tellement intéressant qu'elle a proposé à toute sa famille de le faire. Il paraît qu'ils ont beaucoup ri avec ça. Nathalie a dit qu'elle a enfin compris pour de vrai que sa mère avait déjà été une petite fille. Madame Brisson avait écrit sur sa pierre tombale: «Enfin, elle pourra jouer!» Quand elle a expliqué le sens de son inscription, son mari et ses enfants se sont rendu compte qu'elle avait toujours travaillé très fort. Quand madame Brisson était retournée au travail trois ans après la naissance des jumelles, elle avait continué à faire toutes les tâches de la maison en plus de son travail à l'extérieur. À la suite de cet exercice, toute la famille s'est mise d'accord pour mieux partager les tâches domestiques. Quant à son mari, il lui a acheté un ourson de peluche pour l'aider à se réhabituer à jouer. C'est un peu étrange comme cadeau pour une adulte, mais madame Brisson semblait très contente de recevoir cet ourson.

Un enseignant raconte

Je viens de vivre une expérience intéressante avec les élèves de 3e secondaire à qui j'enseigne la géographie humaine. J'essaie de faire comprendre à ces jeunes que les humains de toutes les cultures et de tous les coins du monde se posent les mêmes grandes questions par rapport à la vie. Quel est le sens de ma vie? Quelle est ma place parmi les autres? Quel rôle dois-je jouer sur terre? La réponse donnée à ces grandes questions par une société influence son architecture, son organisation économique, sa définition de la famille, son expression artistique, son système juridique, etc. J'aime enseigner cette matière aux adolescents, car ils sont en train de choisir la façon dont ils vont vivre. Jusqu'ici, leurs parents leur ont fourni des réponses à ces questions. Maintenant, c'est à leur tour de poursuivre cette réflexion à travers la turbulence de la vie à quinze ans. Choisiront-ils de vivre et, surtout, choisiront-ils de bien vivre?

À l'école, au printemps dernier, nous avons tous été amenés à réfléchir sur la vie et sur les choix que nous avons par rapport à notre destin à cause de trois événements tous aussi pénibles les uns que les autres. D'abord, deux étudiants se sont suicidés: un garçon et une fille qui se fréquentaient et qui ont fait un pacte de suicide. Ils ont laissé une note troublante disant que même l'amour ne pouvait vaincre la laideur de l'humanité, ou quelque chose comme ça. Puis un étudiant de seize ans, un beau bonhomme intelligent et solide, est mort dans un accident d'avion, en vacances, en même temps que ses parents. Sa sœur, qui ne les avait pas accompagnés, est étudiante ici. Je ne sais pas comment elle s'en remettra.

Finalement, un professeur s'est suicidé, à l'école même, quelques jours avant la fin de l'année scolaire. Pas devant les étudiants, heureusement, mais quand même dans sa classe. La veille de son suicide, ce professeur aurait dit à des étudiants: «Profitez bien de votre week-end. Conduisez-vous bien, sinon votre fin de semaine pourrait devenir votre fin de vie.» Les étudiants avaient trouvé cette remarque un peu étrange, mais ils n'avaient pas réagi. Plusieurs se sont sentis coupables quand ils ont appris le suicide du professeur. Ils se reprochaient de ne pas avoir compris qu'il leur demandait de l'aide. Quand j'ai su cela, j'ai dit aux étudiants: «C'est *lui* qui a décidé de se supprimer. Ce n'était pas à vous de deviner sa détresse et de tenter de le secourir. Ne vous mettez pas cette responsabilité sur le dos.» Personnellement, j'en veux à ce collègue. Comme exemple pour nos jeunes, ce n'est pas fameux.

À la rentrée de septembre, je me suis dit qu'il fallait absolument revenir sur ces événements avec les élèves. Nous n'avions pas eu le temps de suffisamment les aider à partager leurs sentiments et leurs pensées sur ces décès. Alors, dans un de mes cours, j'ai abordé les croyances de différentes cultures sur la mort et la vie après la mort. J'espérais que les étudiants en profitent pour parler des drames du printemps dernier. Pas question. Ils ne mordaient pas. Ils semblaient ne pas vouloir en parler du tout. Sujet tabou, on dirait. Craignaient-ils de raviver la peine, la colère et la peur éprouvées lors de ces événements?

J'ai alors laissé tomber. Mais, quelques semaines plus tard, j'ai proposé aux étudiants un exercice qu'ils ont consenti à faire malgré son aspect un peu bizarre. Je leur ai demandé de prendre une feuille de papier, d'imaginer que cette feuille était leur pierre tombale et d'y inscrire leur épitaphe. Nous avons poussé les tables le long du mur, puis nous avons placé les «pierres tombales» en rangée, comme dans un cimetière. J'ai ensuite demandé aux élèves de circuler dans ce «cimetière». Que voyaient-ils? Quelles étaient leurs impressions? Quelles valeurs reflétaient les inscriptions?

Cette fois-ci, les jeunes en avaient des choses à dire sur le sens de la vie, sur la mort, la liberté, la prédestination, le ciel. Ils n'étaient plus amorphes, croyez-moi! Ils voulaient que j'interprète leur épitaphe comme s'il s'agissait d'un test psychologique, ce que ce n'était pas. J'ai donc demandé à la psychologue de l'école, qui m'avait fait connaître cet exercice, de venir parler aux élèves de leur «scénario de vie». Jocelyne les a donc rencontrés et elle leur a expliqué que l'inscription sur la pierre tombale est comme un résumé très succinct de la vie d'une personne. Elle a fait des commentaires sur les pierres tombales des jeunes qui voulaient avoir son opinion. Je trouvais Jocelyne très habile: elle présentait ses idées comme des hypothèses: «On dirait que ta vie consiste à vouloir faire plaisir aux autres... Tu pourrais te demander si tu prends du temps pour te faire plaisir à toi, aussi.» Ou encore: «On dirait que tu penses que tu n'as pas tellement d'importance. Regarde, tu as écrit seulement "Repose en paix." Tu n'as même pas inscrit ton propre nom, comme si tu devais passer inaperçu.» Jocelyne ne connaissait pas la plupart des jeunes à qui elle faisait des commentaires, mais je voyais bien qu'elle tombait juste. Les jeunes étaient du même avis.

Finalement, nous avons repris les cours traditionnels. Mais les élèves ont voulu refaire cet exercice à la fin de la session, seulement pour voir si les inscriptions sur les pierres tombales seraient différentes. En effet, Jocelyne avait dit qu'on peut s'organiser pour avoir une belle vie et une belle pierre tombale et que notre plan de vie dépend de nous et non des autres. Plusieurs avaient envie d'apporter des modifications à leur pierre tombale!

L'histoire a fini là, avec les jeunes du moins. Mais j'ai été l'objet de deux plaintes déposées au directeur des études par des parents d'élèves qui avaient fait l'exercice. Une personne s'est plainte que je «jouais dans les émotions des adolescents» et l'autre que j'avais laissé sous-entendre à son enfant que ses parents n'étaient pas compétents. J'ai rencontré chacun des parents en présence du directeur pour expliquer ce que j'avais tenté de faire et pourquoi. Nous nous sommes plus ou moins compris, mais les parents ont retiré les plaintes.

Par contre, j'ai eu du *feed-back* très positif de la part d'autres parents. La mère d'une élève travaille au même endroit que ma femme et elle lui disait que toute la famille avait fait le même exercice. Ils en avaient aussi profité pour découvrir comment chacun s'y prenait pour réussir à être aimé dans la vie. D'autres parents m'ont dit que leur enfant avait changé d'attitude ou de comportement à la suite de cet exercice. Un père rapportait que son garçon avait cessé de se plaindre de tout et de tous et qu'il prenait plus d'initiative et de responsabilité. Quoi que les gens en aient pensé, moi, j'ai profité de l'exercice que j'avais fait en même temps que les jeunes. L'inscription sur ma pierre tombale, «Il a aimé jusqu'au bout», a suscité quelques commentaires fort judicieux de la part de Jocelyne: «Jusqu'au bout de quoi? T'es-tu laissé aimer en retour? T'es-tu reposé de temps en temps? Une fois mort, penses-tu que tu vas continuer d'aimer sans demander de retour?» J'en ai profité pour réfléchir à ma relation avec ma femme: je me reproche de ne pas en faire suffisamment pour elle. Pourtant, Denise ne se plaint pas. Je commence à penser que je pourrais davantage jouir de la présence de ma femme au lieu de m'inquiéter du fait que je ne l'aime pas assez bien.

Pour ceux et celles qui veulent réfléchir davantage

Le fait que quelqu'un veuille s'enlever la vie nous rappelle brusquement que la vie est à la fois précieuse et fragile. Toute personne doit développer des habiletés pour se maintenir en vie et donner un sens à son existence.

Pour l'adolescent, l'adolescente

Avoir une bonne estime de soi.

Pouvoir vivre des moments difficiles sans remettre en question son existence.

Avoir éliminé le suicide, l'homicide, la folie et la maladie psychosomatique comme façons de faire face aux difficultés de la vie.

Savoir retarder sa satisfaction et bien diriger ses impulsions surtout en ce qui concerne la colère et la violence.

Savoir contrôler la consommation de substances nocives, par exemple les cigarettes, l'alcool, la drogue.

Savoir gérer son stress.

Éviter de blâmer les autres pour ses propres actions.

Savoir s'engager dans des projets réalistes.

Se percevoir comme responsable de sa propre destinée.

Pour le parent

Savoir protéger son adolescent. Savoir lui imposer des limites.

Savoir gérer son stress.

Être conscient de la fragilité de toutes les choses humaines.

Savoir se détacher, laisser aller des regrets, des remords, des colères, des rancunes, des préjugés, des idées et des façons de faire.

Savoir utiliser l'humour créatif pour désamorcer les drames et ramener les choses à des proportions plus justes.

Savoir reconnaître les besoins des autres.
Savoir créer des solutions inattendues pour se sortir d'impasses.

Au dernier compte, on est rendu à 21 habiletés essentielles! J'espère qu'il va en rester pour les autres chapitres.

Un petit devoir facultatif

Ce que les autres (et en particulier nos enfants devenus ado-lescents) font de leur vie nous amène à nous questionner sur ce que nous faisons de la nôtre.

Imaginez que plusieurs années se sont écoulées depuis que votre enfant menaçait de se tuer (ou encore mettait sa vie en danger). Comment vous sentez-vous? Appréciez les change-ments que vous avez apportés avec courage pour améliorer votre qualité de vie. Reconnaissez vos erreurs sans vous faire de reproche. Revoyez dans votre tête tout ce que vous avez appris grâce à ces erreurs.

IV

Le permis de conduire

Apprendre à agir de façon responsable

Le plaisir de conduire une voiture confortable et rapide peut faire oublier au conducteur qu'il a de nombreux devoirs. L'adolescent est avide de liberté et de sensations fortes. Il a tendance à se croire immortel et omnipotent.

Cette situation invite le parent à s'interroger sur ses propres attitudes et comportements.

Quelle sorte de conducteur est-il? Conduit-il prudemment? Connaît-il ses défauts comme conducteur et s'efforce-t-il de les corriger?

Sait-il se servir de la voiture pour aider les gens moins fortunés?

Est-il soucieux de ne pas causer de pollution inutilement? Évite-t-il à l'occasion d'utiliser la voiture en marchant, en prenant la bicyclette, l'autobus, le métro... ou en faisant du covoiturage?

Un adolescent de dix-huit ans raconte

Un peu avant mes seize ans, j'ai annoncé à mes parents qu'ils devraient bientôt me payer des cours de conduite automobile. Je croyais dire une chose normale: tous les jeunes veulent apprendre à conduire et c'est à seize ans qu'ils peuvent le faire. Cependant, mes parents n'étaient pas du même avis. Voyez-vous, j'ai quatre parents. C'est pratique à Noël bien sûr, mais moins commode quand ils se mettent ensemble pour diriger ma vie. Mon père et sa conjointe Marielle s'entendent bien avec ma mère et son conjoint Yves. L'ennui, par rapport à mon permis de conduire, c'est que Yves est ambulancier et que Marielle est courtière d'assurances. Yves et Marielle sont convaincus que les jeunes sont irresponsables au volant: ils ont été témoins de trop d'accidents. J'avais beau répéter que je serais responsable au volant, ils ne me croyaient pas. Seulement parce que j'étais distrait en classe, que parfois j'oubliais de téléphoner pour avertir que je rentrerais plus tard que prévu et qu'une fois ou deux j'avais pris un peu d'alcool...

Maintenant que je suis un adulte, je dois admettre que mes quatre parents avaient raison de se méfier de moi. Mais, à l'époque, quand ils ont refusé de me payer mes cours, je ne l'ai pas pris. Après tout, certains de mes amis avaient une voiture à leur disposition le matin de leurs seize ans! J'ai boudé, j'ai fait quelques crises, mais contre quatre parents, je n'avais pas de chance. Plus je me révoltais, plus mes parents en faisaient une preuve que j'étais immature. Et moins ils voulaient m'accorder la permission de suivre des cours de conduite.

Heureusement, mes parents se sont ressaisis au bout de quelques semaines. Ils ont arrêté d'agir comme si je n'étais bon qu'à faire des crises ou de la bouderie. Ils m'ont offert de discuter de la question d'une façon plus rationnelle, puis ils m'ont fait une proposition. Quand je parle de mes parents, vous devez vous rappeler qu'il s'agit de *quatre* parents! Croyez-moi, cela exige des habiletés particulières de la part d'un adolescent pour convaincre quatre parents qui se soutiennent dans l'éducation de leur jeune. Mes amis qui vivent dans des familles reconstituées disent que leurs parents ne s'entendent pas avec leur «ex» et avec les nouveaux conjoints des «ex». Chez moi, c'est le contraire. Quand ces quatre-là décident de faire front commun, c'est sérieux comme prise de position!

Au début, la proposition de mes parents semblait simple: «Nous te posons deux questions, nous en discutons ensemble, et si nous sommes d'accord avec les réponses, nous franchissons la prochaine étape.» Les questions étaient simples: 1) «Quelles qualités et habiletés un bon conducteur doit-il posséder?» et 2) «À quoi sert une voiture?» Pour la première question, j'ai tout de suite trouvé quatre qualités et habiletés du bon conducteur: être prudent, avoir des réflexes rapides, être débrouillard et sobre. J'ai présenté ma réponse à mes parents. Eux avaient trouvé *vingt-huit* habiletés et qualités. Bien sûr, ils n'ont pas voulu me dire lesquelles. Je flairais un piège: si j'écrivais peu de qualités et d'habiletés sur la liste, je passais pour un ignorant. Si j'en écrivais beaucoup, je serais obligé de montrer que je les possédais. Mes parents m'ont assuré qu'il ne s'agissait pas d'un piège, mais plutôt d'une occasion de réfléchir au sujet d'une question importante. J'ai donc dû retravailler ma liste.

Ma réponse à la deuxième question était plus élaborée. J'avais trouvé vingt choses auxquelles une voiture peut servir. Cette fois-ci, je ne me ferais pas prendre à avoir l'air ignorant. J'ai présenté fièrement ma liste à mes parents. Eux, ils avaient une seule phrase pour décrire l'utilité d'une voiture. Bien sûr, ils ne m'ont pas laissé la lire! J'ai recommencé à réfléchir à la question. J'ai graduellement retiré de ma liste certains éléments sans doute pas essentiels. Par exemple, j'ai enlevé: «Une voiture sert à rendre service à ses amis. Une voiture sert à nous éviter de geler à l'arrêt d'autobus. Une voiture sert à aller rapidement d'un endroit à l'autre. Une voiture, c'est un endroit où parler tranquillement avec sa blonde.»

Je raconte toute cette histoire en quelques mots, mais cette réflexion, que mes parents m'ont forcé à faire, a pris plusieurs mois. Chaque fois que j'abordais le sujet de la voiture avec un des «quatre», nous tombions sur un autre sujet de conversation qui devenait prioritaire. Par exemple, j'ai discuté longtemps avec Yves à propos de son travail d'ambulancier. Yves est content de pouvoir apporter du secours à des gens, mais ça le fâche profondément que trois personnes aient trouvé la mort dans un accident causé par un conducteur en état d'ébriété. Cet exemple et bien d'autres m'aidaient à rallonger la liste des habiletés et des qualités qu'un bon conducteur doit posséder.

C'est à cause de conversations comme celles-là que mes parents et moi avons mis tellement de temps à nous mettre d'accord sur nos listes. Un jour, j'ai finalement su quelle était, selon eux, la seule utilité d'une voiture: transporter quelqu'un d'un endroit à un autre. Mes parents ont insisté pour dire qu'une voiture ne sert qu'à ça. Une voiture ne doit jamais servir à montrer qu'on est supérieur à quelqu'un d'autre, ni à essayer d'être populaire avec ses amis, ni à agacer un autre conducteur. Une voiture, selon mes parents, ce n'est pas une salle de concert pour écouter de la musique, ce n'est pas une chambre d'hôtel pour rencontrer sa blonde ou son chum, ce n'est pas un camion pour transporter des objets trop gros ou mal emballés, ce n'est pas un fumoir, etc. Une voiture, c'est une voiture, point. Mon père m'a dit: «Si jamais tu te rends compte que tu essaies de prouver quelque chose en utilisant ta voiture, c'est un signe que tu ne dois pas conduire.»

Il faut vous dire que je suis l'aîné des deux familles. Alors mes quatre parents ont tendance à être un peu nerveux. Cela se comprend: c'est la première fois qu'ils confient leur voiture à un jeune. Remarquez bien qu'ils diraient que c'est plutôt qu'ils confient leur jeune à une voiture et que c'est cela qui leur fait peur. J'ai donc mis pas mal de soin à montrer à mes parents que je possédais les qualités et habiletés du bon conducteur d'automobile. La plus difficile à montrer a été la concentration. J'avais pris l'habitude de m'échapper dans mes rêveries et mes pensées quand mes parents me parlaient, tout simplement parce que ça ne m'intéressait pas beaucoup de les écouter. Je faisais ça à l'école aussi avec mes professeurs. On me reprochait d'être distrait, mais c'est plutôt que je n'étais pas intéressé. Or, mes parents étaient tous d'accord pour dire qu'un bon conducteur doit être très attentif avec sa tête et avec son cœur. J'ai dû m'exercer à l'être avec les membres de ma famille.

Cette étape a été à la fois intéressante et désagréable. Intéressante parce que mes parents et moi avons eu de bonnes discussions. Seul contre quatre, je devais bien préparer mes arguments, croyez-moi. Je dois avouer que mes parents sont justes. Ils savent le reconnaître quand un de leurs enfants fait quelque chose de bon. Par contre, l'étape a été désagréable par moments parce que j'avais l'impression que mes parents voulaient retarder l'obtention de mon permis de conduire. De fait, je suis certain que c'était leur but. Je n'aimais pas cela.

Je me considère aujourd'hui comme un bon conducteur. Je ne voudrais surtout pas faire de bêtises avec la voiture. L'autre jour, au cégep, je regardais un gars faire crisser les pneus de sa voiture en sortant du stationnement. S'il pensait impressionner les filles qui étaient au coin de la rue, il se trompait. Elles le regardaient avec mépris. Je me suis alors dit: «Il n'a donc pas appris qu'une voiture n'est qu'une voiture. Une voiture ne doit pas servir à attirer l'attention de quelqu'un.» Mais peut-être que le pauvre type n'avait pas la chance d'avoir quatre parents!

Un père de famille raconte

D'après moi, une des activités les moins appréciées des parents d'aujourd'hui, c'est de faire du taxi. Quand j'étais jeune, les enfants sortaient peu de la maison à part aller à l'école et en revenir. Mais maintenant, aller à l'école n'est qu'une des nombreuses sorties des enfants. Marielle, ma nouvelle conjointe, et moi avons l'impression de vivre dans nos voitures. Il faut aller reconduire un des enfants à son cours de patinage artistique, un autre à ses leçons de karaté, un autre à sa leçon de piano et un dernier chez son tuteur de mathématiques. Puis il faut aller chercher tout ce monde après! C'était difficile de nous organiser autrement parce que nous demeurons en banlieue. Même si nous avions habité au centre-ville, nous aurions quand même été obligés de faire du taxi. En effet, notre ville n'est pas assez grosse pour avoir un système d'autobus efficace.

Nous étions vraiment fatigués du régime-taxi. Je me disais: «Dès que Nicolas aura seize ans, il va passer son permis de conduire et c'est lui qui va faire le taxi.» J'étais impatient d'attendre. Mais mon ex-femme, Johanne, ne voulait pas permettre à Nicolas de conduire à seize ans. Elle le trouvait trop jeune de caractère. Le conjoint de Johanne est ambulancier et Johanne devait être craintive à cause des expériences d'accident qu'il lui racontait. Je trouvais que Johanne surprotégeait Nicolas mais, à ma grande surprise, Marielle, ma conjointe, était d'accord: «Nicolas n'a pas encore développé le sens des responsabilités. Nous hésitons même à lui demander de surveiller son petit frère tellement il est distrait. Il n'étudie pas plus qu'il ne le faut, il saute des journées d'école, il se tient avec des jeunes dont la conduite laisse à désirer. Je ne trouve pas qu'il devrait avoir le droit de conduire une voiture tout simplement parce qu'il a seize ans.»

Nicolas, lui, estimait que ce droit lui revenait! Il trouvait même que nous, les parents, avions le *devoir* de lui fournir une voiture. Il nous disait qu'un de ses amis allait recevoir une voiture toute neuve de ses parents le jour de ses seize ans. Nicolas enviait bien cet ami d'avoir des parents assez riches pour lui offrir ce cadeau. Quand je reprochais à Nicolas son manque de sens des responsabilités, il me répondait qu'il serait prudent sur la route et qu'il était assez vieux pour ne pas faire de bêtises. Pourtant, il en faisait, des bêtises, dans sa vie. Quelques fois, il n'était pas rentré coucher. Marielle et moi étions fous d'inquiétude. Monsieur était simplement allé à un *party* chez des amis et il s'y était endormi. Il n'avait pas pensé à nous téléphoner! Une autre fois, nous avons été informés qu'il avait sauté des journées d'école tout simplement parce qu'il trouvait les cours plates. Il avait encore beaucoup de progrès à faire sur le chemin de la maturité.

Par ailleurs, j'aurais trouvé cela bien pratique d'avoir un autre conducteur dans la famille pour partager la corvée de taxi. Nicolas souhaitait bien pouvoir le faire, d'ailleurs. Il n'en finissait pas d'insister pour que nous lui payions des cours de conduite. Devant notre refus, il a réagi en boudant (monsieur circulait dans la maison comme si nous étions tous devenus invisibles) et en déclarant qu'il ne collaborerait plus aux tâches familiales. La bouderie, nous la trouvions désagréable. Les menaces de ne plus collaborer aux tâches familiales nous faisaient sourire, car Nicolas n'avait jamais montré d'intérêt pour l'entretien de la maison.

Finalement, nous nous sommes trouvés dans une impasse, Nicolas et ses «quatre parents», comme il nous appelle. Nicolas ne comprenait pas notre réticence à le déclarer assez responsable pour apprendre à conduire. Nous, nous avions du mal à comprendre l'importance pour lui de pouvoir conduire le plus tôt possible. L'obtention du permis de conduire, c'est presque un rite de passage dans la vie adulte dans notre société nord-américaine. Nicolas voulait faire ce passage. Pour nous, la maturité était ce qui indiquait le passage dans la vie adulte. D'abord une bonne dose de maturité, ensuite le permis de conduire.

Plus Nicolas boudait et faisait des menaces, moins nous voulions lui donner l'autorisation et l'argent dont il avait besoin pour suivre des cours. Il en était malheureux, mais il ne semblait pas savoir quoi faire pour se sortir de cette impasse. Un jour, ma conjointe m'a dit: «On voit bien que Nicolas ne sait pas comment mettre fin à ce système de bouderie et de menaces. S'il arrête de lui-même, il nous donne raison d'une certaine façon et il perd la face. S'il n'arrête pas de lui-même, il empire sa situation. Essayons de lui proposer quelque chose pour l'aider dans ce moment difficile.»

Un soir donc, nous avons annoncé à Nicolas que nous recommencions à zéro par rapport à la question de la voiture. Nous lui avons expliqué que nous serions rassurés quant à son niveau de maturité si nous pouvions tous être d'accord sur les réponses à deux questions. «À quoi sert une voiture?» et «Quelles qualités et habiletés un bon conducteur doit-il posséder?» Les quatre parents d'un côté et Nicolas de l'autre y répondraient par écrit et, quand les réponses concorderaient, nous franchirions une prochaine étape. Nicolas a accepté en maugréant.

Tout cela a l'air simple, mais en arriver à un consensus entre Nicolas et les quatre parents n'a pas été facile. D'abord, les quatre parents ont dû s'entendre pour faire front commun. Ensuite, le consensus entre la liste suggérée par Nicolas et la nôtre n'était pas facile à obtenir. Nicolas parlait de liberté, des droits des conducteurs, du plaisir de conduire. Les quatre parents, eux, parlaient de prudence, de discipline, des devoirs des conducteurs. Deux générations qui se lançaient des regards noirs par-dessus le capot de la voiture!

Croyez-le ou non, cela a pris trois mois pour arriver à faire concorder les réponses de tous et chacun. Pour l'étape suivante, nous avons demandé à Nicolas de montrer qu'il possédait les qualités et les habiletés sur lesquelles nous nous étions mis d'accord. Cela ne s'est pas fait du jour au lendemain. Nicolas devait s'organiser pour prouver qu'il n'était pas distrait, qu'il avait le sens des responsabilités, qu'il savait tolérer des frustrations, qu'il savait obéir aux règlements, etc. Nous ne lui avons pas dit comment s'y prendre. Le résultat, c'est que l'absentéisme à l'école, les expériences avec l'alcool, les menaces et la bouderie, tout cela, c'est maintenant chose du passé.

Les quatre parents en ont alors profité pour montrer eux aussi qu'ils étaient bien qualifiés pour garder leur permis de conduire. Les commentaires que Nicolas faisait de temps à autre prouvaient qu'il évaluait comment les adultes se comportaient en voiture. Il nous a généreusement signalé la présence de quelques petits défauts mignons. Il a aussi suggéré à Marielle de suivre un cours pour apprendre les techniques de conduite sur glace et neige. Elle l'a fait et elle se sent maintenant beaucoup plus à l'aise de conduire l'hiver. Nicolas m'a aussi suggéré de ne pas écouter de musique en conduisant parce que j'ai tendance à suivre le rythme: j'accélère dans les passages rapides. Je dois avouer qu'il avait raison. J'ai fait l'expérience de rouler sans écouter de musique, et j'ai constaté que j'aime cela. Je trouve la route plus intéressante et je suis plus attentif à la circulation.

Grâce à cet exercice, nous avons appris comment parler à un adolescent. Ce sera utile pour les enfants qui suivent! Nous avons mieux compris que les parents doivent tendre une perche au jeune pris dans une impasse. Nos nombreuses conversations au sujet de la voiture ont été très précieuses pour nous tous. À travers ces échanges, nous avons dû aborder les valeurs. Ainsi, nous avons trouvé un moyen de ne pas «rompre» avec Nicolas, qui n'avait alors pas les mêmes valeurs que nous.

Nicolas a maintenant son permis de conduire. Il a réussi l'examen dès son premier essai, ce dont il était fier. Je n'étais pas étonné: il s'y était bien préparé. Il a également suivi un cours d'entretien mécanique. Hier, par exemple, il a remplacé un phare brisé sur ma voiture. Il était tout fier de me dire qu'il m'avait fait économiser 28 $. Moi, j'étais tout fier de l'en remercier chaleureusement et de *ne pas* lui donner ce montant qu'il nous avait permis d'épargner! Pour terminer, voici une autre bonne nouvelle: Marielle et moi faisons maintenant moins de taxi!

Pour ceux et celles
qui veulent réfléchir davantage

Bien conduire sa voiture exige presque autant d'habiletés que bien conduire sa vie! La liste des habiletés requises pour faire l'un et l'autre est nécessairement longue...

Pour l'adolescent, l'adolescente

Avoir une maîtrise de base sur les biens matériels: être capable de prendre soin d'une voiture.

Être capable de faire suffisamment confiance aux autres pour pouvoir fonctionner à leur côté.

Savoir administrer son temps, son argent, ses biens matériels.

Ne pas avoir besoin de toujours se comparer avec les autres.

Être ouvert à de nouveaux apprentissages.

Connaître les lois (comme celles de la conduite automobile) et y obéir.

Maîtriser les habiletés pour s'affirmer devant les autres.

Développer sa propre façon de penser, d'évaluer une situation.

Pour le parent

Savoir décider d'une action en tenant compte de ses besoins et de ceux des autres.

Savoir proposer des projets.

Savoir trouver des solutions inattendues pour se sortir d'impasses.

Avoir la patience et la tolérance nécessaires pour mener à terme un projet créatif.

Savoir créer des projets qui conviennent à ses valeurs.

Limiter sa consommation à ses besoins réels.

C'est sûr qu'il n'en restera pas pour le dernier chapitre.

Un petit devoir facultatif

Répondez aux deux questions posées à Nicolas par ses quatre parents: 1) À quoi sert une voiture? 2) Quelles qualités et habiletés un bon conducteur doit-il posséder?

Vos idées sur ce sujet ont-elles évolué depuis l'époque où vous avez commencé à conduire? Comment?

Entamez une discussion avec vos enfants, adolescents ou plus jeunes, sur ces deux questions. Vous serez peut-être surpris...

V

Le travail rémunéré

Apprendre à gérer son temps et son argent

Un adolescent qui commence à gagner quelques dollars en travaillant fait preuve de qualités dont les parents sont généralement fiers. Mais cet adolescent a aussi besoin de protection.

Cette situation invite le parent à s'interroger sur ses propres attitudes et comportements.

Comment aborde-t-il son propre métier? Sait-il concilier les exigences de son travail avec ses responsabilités familiales?

Est-il à l'aise avec la façon dont il utilise l'argent qu'il a gagné en travaillant?

Sait-il se protéger par rapport à son employeur, quant à ses conditions de travail, par exemple?

Sait-il *donner* de son temps?

Un adolescent de dix-sept ans raconte

Il y a quelques semaines, j'ai été malade. Je ne l'ai pas dit à ma mère, je me suis rendu à l'urgence de l'hôpital parce que j'étais certain de faire une crise cardiaque. Des crises cardiaques, ça arrive généralement à des gens plus âgés que moi. Mais j'étais inquiet parce que mes deux grands-pères sont morts d'une maladie de cœur. J'étais certain que cette tendance à la maladie de cœur avait sauté une génération et que je faisais ce qu'on appelle un infarctus. D'autant plus

que je suis un jumeau et que ma naissance a été difficile parce que
mon frère qui est né avant moi a eu du mal à naître. Je crois que mon
cœur a pu être affecté d'un manque d'oxygène, même si ma mère m'a
souvent dit que nous n'avons jamais été en danger malgré les difficultés de l'accouchement.

En tout cas... Lors de ma crise, j'étais à mon travail chez le
dépanneur. Le propriétaire me confie beaucoup de responsabilités.
Mais parfois, il se fâche pour une chose banale. Ce soir-là, il a fait
toute une histoire parce que j'avais laissé un gars de mon école ouvrir
l'enveloppe d'une revue pornographique. À entendre mon patron,
nous serions tous allés en prison si un des policiers qui vient souvent
acheter du café ici était arrivé sur ces entrefaites. C'est alors que mes
symptômes sont apparus. J'avais du mal à respirer, j'avais des dou-
leurs dans la poitrine puis j'avais les mains et le visage engourdis.

À l'hôpital, le médecin m'a mis un sac de papier sur la tête pour
m'aider à respirer. J'aurais plutôt cru qu'on me brancherait à un
appareil pour la respiration ou quelque chose comme ça. J'étais un
peu humilié d'avoir un problème qui se soigne avec un sac de papier.
J'avais peur que le médecin se moque de moi ou dise que je faisais
semblant d'être malade pour attirer l'attention. Au contraire, il a pris
ma crise très au sérieux. Il m'a dit que mon cœur n'était pas en
danger, mais que ma santé l'était. Il m'a posé des questions sur mon
travail, mon école et ma famille. Ma famille, c'est une famille normale. Ma mère fait son possible avec nous même si elle laisse les plus
jeunes lui monter sur le dos. Mon père vit en Angleterre avec sa
femme actuelle et leurs enfants, il nous appelle de temps à autre et,
d'après ma mère, il est plus responsable que jamais: il lui envoie sa
pension alimentaire. Mon école, c'est comme n'importe quelle école
secondaire de nos jours, pas plus ni moins. Quant à mon travail, c'est
ce que j'aime le plus dans ma vie. Je travaille depuis que je suis petit.
J'aime gagner de l'argent et je gère bien mes économies pour me
procurer des objets que je ne pourrais pas me procurer autrement, à
moins de les voler.

Le médecin semblait penser que mes conditions de travail mettaient ma santé et mes études en danger. J'ai lu un article dans une
revue chez le dépanneur au sujet des médecins. Eux aussi travaillent
trop d'heures et pas dans les meilleures conditions, surtout au début
de leur carrière. Je crois que le médecin ne voulait pas que cela
m'arrive à moi. En tout cas, il a parlé de moi au médecin du CLSC qui
va me suivre pour ma santé. Au CLSC, la travailleuse sociale m'a
parlé aussi. Elle ne m'a pas suggéré de diminuer mon travail. Elle m'a
plutôt fait réfléchir sur ce qu'elle appelle mes valeurs à ce moment-ci

de ma vie. Normalement, je n'aurais pas été intéressé à faire cette réflexion mais, quand on passe près de la mort à dix-sept ans, comme ça m'est arrivé la fois de ma crise de cœur, on a tendance à se poser des questions. De fait, ma crise de cœur, c'était une crise d'anxiété. C'est ce que le médecin m'a fait comprendre. Il m'a expliqué que c'est difficile de distinguer une crise de cœur d'une crise d'anxiété, puis il a dit que j'avais été très intelligent et prudent de me rendre tout de suite à la salle d'urgence.

À l'hôpital et au CLSC, ce que le client révèle est confidentiel, alors c'est probablement une coïncidence qu'à la même époque, ma mère a commencé à s'inquiéter parce que je travaillais trop et que mon jumeau Matthieu était paresseux. Elle nous a demandé de faire une sorte de plan de vie au sujet de nos études, de notre travail dans la maison, de l'utilisation de l'argent de poche qu'elle nous donne et de l'argent que je gagne à l'extérieur. Normalement, je n'aurais pas accepté parce que je n'aime pas que les adultes se mêlent de ma vie. Mais après ce que les médecins et la travailleuse sociale m'ont dit, je vais le faire. C'est clair que je dois établir des priorités, comme on me l'a fait comprendre. Ce qui pourrait rassurer ma mère, c'est de savoir que je n'achète pas de drogue ou d'alcool avec l'argent que je gagne. Elle posait des questions plus ou moins vagues à ce sujet et je faisais exprès pour ne pas répondre clairement. Ça me fatigue quand elle ne me fait pas confiance. J'ai changé d'attitude maintenant. Ça ne me dérange pas que ma mère sache que je ne prends pas de drogue.

Une mère de famille raconte

Lorsque je mentionne que j'ai des jumeaux de dix-sept ans, on me demande souvent s'ils sont identiques ou fraternels. Ils ne sont certainement pas identiques, je dirais même qu'ils sont aussi opposés que deux frères peuvent l'être. Officiellement, ils sont des jumeaux fraternels, mais souvent ils ne sont pas fraternels dans leurs attitudes l'un envers l'autre. Éric ressemble davantage à son frère de quatorze ans. Matthieu, lui, a le même genre de caractère que sa sœur de onze ans. Pour des enfants fabriqués en même temps dans le même «local», Éric et Matthieu sont aussi dissemblables qu'on puisse l'imaginer. Parfois, je trouve cela amusant mais, la plupart du temps, je trouve cela fatigant: j'ai l'impression qu'ils me font faire tout en double, même à leur âge. Par exemple, lors de leur dernier anniversaire, Éric insistait pour avoir un gâteau à la vanille alors que Matthieu voulait un gâteau au chocolat. J'ai décidé qu'un seul gâteau suffirait: j'en ai fait un à la vanille marbré de chocolat. Évidemment, les jumeaux se sont chicanés: le gâteau était-il blanc avec des marbrures brunes ou brun avec des marbrures blanches?

Des discussions existentielles comme celle-là, j'en ai assez! Souvent, je les laisse faire sans m'en mêler. Si ça les amuse de diviser le gâteau en suivant les tracés des marbrures, qu'ils le fassent. Mais la plupart du temps, à cause de leur approche différente de la vie, je suis obligée de trancher certaines questions. Et c'est plus compliqué de trancher des questions qu'un gâteau, comme tout parent le sait.

La dernière question que j'ai dû trancher, c'est celle du travail rémunéré pour les adolescents. Comme toujours, Éric et Matthieu ont des idées et des comportements très différents par rapport à cette question. Éric rêve, depuis qu'il est petit, de travailler pour gagner beaucoup d'argent. C'est l'enfant qui, à l'âge de six ans, vendait de la limonade aux petits voisins. À huit ans, il distribuait les journaux pour un camelot qui avait treize ans et qui lui donnait le quart du salaire. Quand j'ai voulu me mêler de ce que je considérais être un abus, Éric a fait une crise: son travail ne concernait que lui. Voilà. À treize ans, il avait toute une clientèle qui lui confiait ses chiens pour les promener, ses plantes pour les arroser, ses entrées de garage pour les déneiger, ses maisons pour les surveiller. À quinze ans, il avait pris son cours de gardiennage et il gardait aussi souvent que possible. Les parents des enfants le trouvaient très responsable et efficace: il réussissait à bien surveiller les enfants, tout en faisant du ménage dans la maison. Il préparait les goûters et nettoyait bien la cuisine après. Dans toutes ces entreprises, il se faisait «aider» par un petit garçon de onze ans qu'Éric payait... le quart de son salaire. Quand j'ai voulu me mêler de ce que je considérais être un abus, cette fois, non pas d'Éric, mais du petit garçon, mon fils m'a calmement répliqué que je ne connaissais rien à l'entreprise privée.

De fait, j'ai constaté que le travail d'Éric était bel et bien une entreprise «privée» pour lui. En effet, chez nous, il refusait catégoriquement de participer aux travaux de la maison, prétextant qu'il était fatigué ou tout simplement incapable de réaliser certaines tâches. Lui demander de desservir la table était à peu près l'équivalent de lui demander de peindre le plafond de la cuisine. Je devais le pousser dans le dos, lui rappeler les consignes, insister. Je finissais souvent par m'impatienter et je le traitais de paresseux et d'égoïste.

À seize ans, Éric a commencé à travailler chez un dépanneur. Il s'y rendait après l'école et y travaillait jusqu'à vingt heures tous les soirs et, souvent, toute la journée du samedi ou du dimanche. Il jurait que son travail n'affectait ses études en rien puisqu'il pouvait étudier pendant les temps morts au magasin et que, de toute manière, il n'aurait pas étudié davantage à la maison. Évidemment, ses notes scolaires ont baissé malgré ses prédictions. Quand je le confrontais à cette réalité, il me disait que je m'en faisais trop et que je devrais être reconnaissante qu'il ne passe pas son temps à flâner dans les centres commerciaux. Son attitude me décontenançait vraiment. J'avais l'impression qu'il se disait: «Puisque je suis assez vieux pour gagner de l'argent, je n'ai plus à m'occuper de l'opinion de ma mère.»

Je souhaitais qu'Éric utilise l'argent qu'il gagnait pour m'aider à payer certaines de ses dépenses, mais il ne le voulait pas. Cet argent était le sien, et moi, je devais lui fournir nourriture, logis, vêtements, articles de sport, argent de poche. J'ai songé à diminuer son argent de poche, mais ça n'aurait pas passé puisque je donnais de l'argent de poche à Matthieu qui, lui, ne travaillait pas. Un jour, Éric s'est acheté un appareil de télévision luxueux qu'il a installé dans sa chambre. Je n'avais jamais voulu que les enfants aient un téléviseur dans leur chambre. Quand je lui ai rappelé cela, il m'a simplement dit qu'il avait acheté cet appareil avec son argent et que je devrais être reconnaissante qu'il ne se serve pas de cet argent pour se procurer de la drogue. Voilà!

Au contraire, Matthieu, lui, avait conclu dès sa petite enfance qu'il n'avait rien à faire pour mériter les choses qu'on lui donnerait. Il ne voyait pas pourquoi il travaillerait alors que sa mère lui fournissait tout ce dont il avait besoin pour vivre. Il s'arrangeait pour obtenir sous forme de cadeaux ce qu'il souhaitait posséder. Quand il était petit, il commandait des mois d'avance à sa grand-mère les jeux qu'il voulait recevoir pour Noël. Il faisait des suggestions précises et nombreuses aux gens qui voulaient lui offrir un cadeau d'anniversaire. Autant Éric voulait travailler et gagner beaucoup d'argent, autant Matthieu voulait jouer, confiant que l'univers subviendrait à ses besoins. Matthieu aimait étudier et il prévoyait de longues études en architecture. Il savait que j'étais prête à aider les enfants à poursuivre des études avancées. Il avait décidé de demeurer à la maison aussi longtemps que nécessaire. Entre les bourses d'études et l'aide de sa mère, il n'aurait pas besoin de travailler. Côté travail domestique, il faisait sa part dans la maison, mais sans plus. Si je lui en demandais un peu plus, il me disait que j'étais injuste envers lui puisqu'Éric s'en sauvait sans travailler.

Je vous le dis, j'aurais voulu mettre les jumeaux dans un robot culinaire et bien les mélanger. Ainsi, d'un côté, le «joueur» pourrait influencer son frère à profiter de son adolescence pour étudier sérieusement. De l'autre côté, le «travailleur» pourrait influencer son frère à s'engager davantage dans la «vraie vie» où l'on doit travailler fort pour gagner des sous. Surtout par les temps qui courent.

J'étais en colère contre mes deux fils, mais je me sentais paralysée. Les extrêmes, encore une fois! J'avais l'impression que, si j'exprimais une opinion, j'aurais l'air de favoriser l'un au détriment de l'autre, que ce soit vrai ou pas. Finalement, je me suis décidée à agir et j'ai écrit une lettre aux jumeaux (chacun une copie). Je leur ai présenté mes valeurs par rapport aux études, à l'argent et au travail pendant les études. J'ai établi certaines normes. Je leur ai expliqué que les études passent avant le travail rémunéré; que si l'on travaille à l'extérieur, on doit obtenir des notes scolaires au moins légèrement supérieures à la moyenne; qu'une partie de l'argent gagné doit être mis de côté pour des études supérieures. De plus, si on n'a pas de projet d'études supérieures, une partie de l'argent doit servir à contribuer à ses frais d'entretien. *Et* une partie du travail doit être bénévole. Éric et Matthieu ont sursauté en lisant cela. Autrement dit, ils doivent *donner* de leur temps et de leur énergie pour aider quelqu'un qui est dans le besoin (leur mère, par exemple).

J'ai ensuite demandé aux jumeaux de me présenter un plan «études-travail-maison-bénévolat». Je leur donne un mois. J'attends leur réponse. Je ne sais pas ce qu'ils vont faire avec tout cela. Je sais que moi, je vais profiter de cette période pour définir mes propres valeurs et les exprimer. Je sais aussi que je ne me sens plus coincée comme auparavant.

Pour ceux et celles
qui veulent réfléchir davantage

Le travail, c'est notre contribution à l'effort humain pour survivre. Bien réussir sa vie professionnelle suppose qu'on possède de nombreuses habiletés. Aider un adolescent à apprendre à travailler et à trouver du plaisir dans cette activité, cela suppose aussi beaucoup d'habiletés de la part des parents.

Pour l'adolescent, l'adolescente

Savoir prendre soin de sa santé, ne pas s'exposer à des dangers inutiles.

Savoir marquer ses frontières, ne pas laisser les autres empiéter sur son territoire.

Savoir administrer son temps, son argent, ses biens matériels.

Acquérir de bonnes habitudes de travail.

Savoir obéir aux consignes dans les milieux scolaire et professionnel.

Connaître les exigences (scolarité, diplôme) de la société dans laquelle on vit.

Être capable de persévérer dans un travail entrepris.

Pour les parents

Savoir faire le partage des tâches domestiques de façon équitable.

Savoir proposer des projets.

Exiger que chacun dans la famille soit fidèle à ses engagements.

Savoir accepter les autres dans leurs différences.

Veux-tu bien me dire où ils prennent tout ça! Je vais écrire à l'éditeur, ça n'a pas de bon sens!

Un petit devoir facultatif

Rappelez-vous les nombreuses heures passées à répondre aux besoins de vos enfants. Constatez combien vous avez agrandi votre cœur à force de donner de votre temps, de votre intelligence et de faire des efforts. Pensez aussi au temps et à l'attention que vous avez accordés à vos adolescents alors que vous auriez pu faire autre chose. Vous savez bien reconnaître qu'il y a des dons «obligatoires» (préparer les repas, raccommoder les vêtements, faire la lessive, etc.) et des dons «gratuits» (simplement flâner avec un de vos enfants, regarder avec lui une de ses émissions favorites). Félicitez-vous de vous être exercé à faire ces deux types de dons. Avez-vous su remarquer que votre enfant vous imitait dans ces dons?

VI

La nécessité de l'école

Préparer son avenir

L'école est une institution où l'on doit passer un temps bien défini. La loi l'exige même. En effet, dans notre société, l'instruction est encore vue comme la garante d'un métier ou d'une profession. Les parents ont raison de s'inquiéter devant la possibilité que leur adolescent «décroche» de l'école.

Mais fréquenter l'école n'est pas toujours chose facile: on doit y apprendre les mathématiques et le français, en plus de certains apprentissages «parascolaires» qui ne sont pas toujours simples. Il n'est pas étonnant que la plupart des adolescents songent, à l'occasion, à la possibilité de «décrocher».

Cette situation invite le parent à s'interroger sur ses propres attitudes et comportements.

Quelle est son opinion sur l'obligation de fréquenter l'école?

Est-il capable lui-même de tolérer les exigences de son métier? Sait-il ne pas «décrocher» de son propre travail?

Est-il satisfait du degré d'études qu'il a lui-même atteint? Sinon, prend-il des mesures pour remédier à cette situation s'il le souhaite?

Se perçoit-il comme compétent pour aider son adolescent à faire face aux difficultés éprouvées dans ses études?

Un adolescent de dix-neuf ans raconte

Depuis que je vais au cégep, je partage un appartement avec deux amis. Le week-end dernier, Pierre-Hugues, le jeune frère de mon colocataire Louis, est venu lui rendre visite. Au souper, la conversation est tombée sur l'école et ses désavantages. Pierre-Hugues, à quatorze ans, songe présentement à laisser l'école. Son frère a été scandalisé d'entendre cela! Pour Louis, le grand objectif de la vie, c'est d'étudier. Louis étudie tout le temps et, évidemment, il réussit bien. Vous allez voir: dans quinze ans, il sera devenu un scientifique célèbre qui aura découvert un remède pour une maladie rare ou qui aura créé une nouvelle théorie de la relativité. C'est un futur prix Nobel. Pour Louis, lâcher l'école, c'est l'équivalent de trahir son pays et d'être infidèle à sa blonde dans la même journée. C'est très grave!

Je pense que Pierre-Hugues en mettait un peu trop quand il décrivait les horreurs du système scolaire. Il voulait nous impressionner, je crois. Mais en même temps, je voyais que la question de décrocher ou non était importante pour lui. Je pouvais le comprendre parce que moi aussi, j'ai pensé très sérieusement à quitter l'école quand j'avais quinze ans. Ce qui m'a aidé de fait à ne pas le faire, c'est l'attitude de mes parents. Ils ne me faisaient pas de sermons sur la beauté du système scolaire, ils ne me faisaient pas de menaces, ils n'allaient pas voir mes professeurs quand j'avais de mauvaises notes. Ils ne faisaient même pas semblant de me comprendre. Ils étaient convaincus que fréquenter l'école était une situation tolérable.

Je n'aimais pas l'attitude de mes parents, mais pas du tout. J'aurais voulu qu'ils me montrent de la sympathie parce que l'école, ce n'est pas toujours facile. On n'a pas nécessairement les meilleurs professeurs, les autres étudiants sont souvent désagréables et durs, et les matières obligatoires n'ont pas grand-chose à voir avec la réalité d'aujourd'hui. Les filles rient des gars. Les gars sont obligés de faire semblant que ça ne les dérange pas. Je comprends pourquoi les jeunes veulent décrocher, parce que moi aussi j'entrevoyais cette solution à un moment donné.

Je dis que je n'aimais pas l'attitude de mes parents. C'est vrai, mais aujourd'hui, je l'apprécie. Dans le fond, mes parents me faisaient bien confiance en étant convaincus que je pouvais tolérer les moments difficiles à l'école. En effet, maman considérait que ses problèmes à elle par rapport à son travail étaient beaucoup plus sérieux que les miens par rapport à mon école. Ma mère est infirmière et, quand on a coupé des postes dans les hôpitaux, elle a perdu son emploi. Elle l'aurait gardé si elle avait fait plus d'études, du moins, c'est ce qu'elle croyait. Elle a probablement raison. Maintenant, mes parents font face à des problèmes d'argent. Ils ne sont pas pauvres, mais ils sont beaucoup moins à l'aise financièrement qu'auparavant.

Finalement, j'ai décidé de terminer mes études secondaires, puis j'ai voulu étudier dans un cégep privé. Je pensais que ce serait intéressant d'être à l'extérieur pour faire mes études et d'avoir certains avantages qu'offrent les institutions privées. Mes parents ont dit qu'ils m'accorderaient volontiers ce souhait s'ils pouvaient se le permettre mais que, pour le moment, c'était impossible à cause de leur situation financière. Ils le regrettaient, c'était évident, mais, en même temps, ils n'avaient pas l'air de considérer cela comme un grand malheur. Selon mes parents, dans un cégep public, on a les mêmes livres, les mêmes examens, les mêmes occasions d'apprendre. Ils n'avaient pas l'air de penser que j'en mourrais de ne pas pouvoir fréquenter un cégep privé. Mes parents pensent que je peux passer à travers n'importe quelle épreuve si je me décide à le faire. Ils sont convaincus que c'est une bonne chose pour les adolescents d'affronter certaines difficultés et contrariétés. Je semble dire qu'ils sont sadiques envers nous autres, mais ce n'est pas ça du tout. C'est qu'ils désirent nous voir marcher sur nos deux pattes, si je peux m'exprimer ainsi.

Je n'ai pas parlé de tout ça à Pierre-Hugues parce que je sais qu'à quatorze ans, ça ne l'aurait pas intéressé. Je l'ai plutôt fait parler de ce qu'il n'aimait pas de l'école et j'ai offert de l'aider à trouver des stratégies pour passer à travers les choses difficiles. Pauvre Pierre-Hugues, il ne savait même pas ce que «stratégies» voulait dire. Alors, nous avons cherché des plans plutôt que des stratégies! Ce que Pierre-Hugues trouvait difficile en classe, c'était la présence d'étudiants indisciplinés qui se passaient des billets et qui faisaient des conneries quand le professeur avait le dos tourné. Il craignait d'être puni si la classe se mettait à rire. Ça l'inquiétait tellement qu'il avait du mal à suivre la matière et il prenait du retard. Il ne voulait pas dénoncer les étudiants indisciplinés par crainte de passer pour un traître. Il voulait réussir, mais il avait peur de passer pour un «nerd». Un «nerd», c'est quelqu'un qui réussit bien en classe, mais dont certains étudiants rient, probablement parce qu'ils sont jaloux. J'ai aidé Pierre-Hugues à trouver des plans pour régler ce problème. J'espère que ça lui sera utile.

En parlant de plans, mes parents en ont fait pour faire face à l'éventualité de mon décrochage scolaire. J'en suis certain: j'ai vu sur leur table de nuit une liste de plans qui me concernaient. Mon père et ma mère avaient mis par écrit toutes les conditions auxquelles je devais me soumettre si je décrochais de l'école. Je ne leur ai pas donné le plaisir de me présenter cette liste. Mais ce n'est pas pour cela que je suis resté à l'école. Non, j'ai décidé de me donner des chances de pouvoir choisir une belle profession.

Un père de famille raconte

Jean-Michel, notre fils de dix-neuf ans, est venu souper avec nous l'autre soir. Il étudie maintenant au cégep et partage un appartement avec deux autres étudiants. Il s'est engagé dans toutes sortes d'activités au collège: il fait de la natation, il travaille dans un «fast food» et, entre-temps, il étudie. Quelquefois, il vient voir ses parents! Il profite de sa visite de plusieurs façons: il fait faire ses bords de pantalons par sa mère, il «emprunte» quelque article, comme une casserole, pour faire cuire le spaghetti, et il prend un repas avec les «vieux». En ce moment, il est particulièrement intéressé par ses cours de philosophie et de littérature: il découvre les grands penseurs et les grands écrivains et il «tripe» là-dessus (c'est son expression). Il est très critique au sujet des professeurs et de l'administration du cégep, de la société en général et de sa famille en particulier! Il n'y a pas grand monde qui trouve grâce à ses yeux. Sa mère et moi, nous l'écoutons sans nous énerver. Nous avons vu pire!

Le «pire» est arrivé quand Jean-Michel était en 3e secondaire. Il n'avait pas tellement aimé ses deux premières années du secondaire, mais il avait quand même survécu. À son entrée à la polyvalente, il avait peur de ne pas avoir d'amis, de manquer de temps pour changer de local entre les cours, d'être violenté par les plus grands, d'être ridiculisé par les filles. Mais au début de sa 3e secondaire, il semblait avoir trouvé le moyen d'affronter ces peurs que nous trouvions, d'ailleurs, justifiées. Il faudrait être aveugle et sourd pour ne pas se rendre compte que l'école secondaire est un lieu difficile pour bien des jeunes. Nous nous disions que cette année-là allait bien se dérouler. Erreur!

Si Jean-Michel nous semblait moins inquiet, c'est qu'il avait prévu quitter l'école le jour où il déciderait qu'il n'en aimait pas le mode de vie. S'il était plus calme, c'est tout simplement parce qu'il s'était trouvé une porte de sortie. Il quitterait l'école, il prendrait une pause, il voyagerait un peu et un jour, il se trouverait un travail intéressant. Finalement, il emménagerait dans son propre appartement. Et s'il manquait d'argent, il deviendrait prestataire de l'aide sociale. En partageant un appartement avec un ou deux autres copains dans la même situation, il pourrait bien se débrouiller. Il ne serait pas riche, bien sûr, mais il aurait de quoi s'acheter de la nourriture, des cigarettes, des cassettes de musique, et ce qu'il faut pour faire un bon *party* de temps à autre.

Puisqu'il avait trouvé cette porte de sortie, Jean-Michel était moins motivé à étudier. Évidemment, ses notes s'en ressentaient. À l'école, on avait proposé de le placer dans des cours où le rythme d'apprentissage était plus lent et la matière moins difficile. On avait perçu que Jean-Michel avait le «potentiel de décrocheur» et on voulait l'aider à rester à l'école en lui facilitant les choses. Les professeurs de ces cours avaient la réputation de bien comprendre les besoins des étudiants et d'être très dévoués envers eux.

Toutefois, plus Jean-Michel était compris par ses professeurs, moins il s'engageait dans sa propre éducation. Il s'organisait toujours pour en faire le moins possible. Sa mère et moi lui disions notre inquiétude par rapport au fait qu'il n'étudiait pas le soir ou les fins de semaine. Mais il répondait que les études étaient plates, les professeurs pas intéressants, et l'école une institution dépassée et inutile. À nos opinions différentes des siennes il répliquait qu'il était impossible que des gens de notre âge (nous avions 39 ans, sa mère et moi!) comprennent les jeunes d'aujourd'hui avec leurs problèmes. Christiane et moi nous nous remettions à essayer de mieux le comprendre... avec ses problèmes.

C'est un ami qui nous a aidés à prendre position devant l'éventualité que Jean-Michel laisse l'école. Robert nous a dit: «Quels sont les problèmes dont parle Jean-Michel? Je le trouve plutôt privilégié: il a la possibilité de recevoir une éducation dans une école qui est éclairée, propre, chauffée. Il a un autobus à sa disposition pour l'y conduire. Il a un bon choix de cours. Il est en contact avec plusieurs professeurs qui lui offrent des perspectives et des défis variés. Il a des livres, du papier pour écrire, des crayons pour dessiner. Il a la possibilité de faire des recherches par ordinateur. Il peut certainement se trouver des amis et même une blonde ou deux dans une école de 3 000 élèves. Il a la possibilité de faire du sport, il y a même une piscine dans l'école. Il peut faire des sorties avec les étudiants. Il peut participer aux danses organisées à l'école.»

Christiane et moi commencions à saisir où notre ami voulait en venir. «Assez!» lui disions-nous. Mais Robert était lancé! «Et si Jean-Michel veut apprendre la musique, on peut lui prêter des instruments. S'il veut apprendre à cuisiner, il peut le faire et même obtenir des crédits pour cela. S'il veut confier ses problèmes à quelqu'un, il a la possibilité de rencontrer un psychologue ou un travailleur social. S'il se blesse en pratiquant un sport, l'infirmière lui donnera les premiers soins. S'il veut discuter de sa vie spirituelle, il peut rencontrer l'agent de pastorale. S'il veut apprendre à dire non à la drogue, il y a des projets à l'école pour le soutenir. Si lui et sa blonde sont allés un peu trop loin, l'infirmière peut les diriger vers le CLSC où un médecin pourra prescrire la "pilule du lendemain". Le médecin pourra aussi leur donner de l'information sur les méthodes de contraception plus simples et plus naturelles que cette "pilule du lendemain". Franchement, j'ai du mal à comprendre que la vie à l'école est si difficile.»

Ce discours nous a fait réfléchir sérieusement. Du jour au lendemain, nous avons cessé d'essayer de comprendre notre fils! Au contraire, nous ne parvenions plus désormais à manifester de l'empathie quand il nous expliquait combien le cours de mathématiques était plate. Un jour, il nous a dit: «Comment aimeriez-vous vous faire poser cette question à dix heures du matin: "Est-ce que, à l'intersection de l'ensemble A et B, la fonction exponentielle en base E de la parabole du cosinus Theta varie relativement à la racine carrée ou bien c'est plutôt logarithmique comme croissance?"» Ma femme a répondu froidement: «Comment aimerais-tu te faire poser la question qu'on a adressée ce matin à mon équipe de travail: "Avec les coupures budgétaires, préférez-vous accepter une baisse de salaire considérable ou courir le risque de perdre votre emploi?"»

Peu de temps après ce changement d'attitude de notre part, Jean-Michel nous a présenté un bulletin rempli de mauvaises notes, en nous expliquant, entre autres: «Le professeur ne nous avait pas dit qu'il nous questionnerait sur cette partie de la matière...» Christiane, qui avait toujours été une mère protectrice, indulgente et compréhensive, a dit: «Tes excuses et tes explications, pour aussi valables qu'elles soient, ne nous intéressent pas. Si tu as besoin d'aide pour résoudre ton problème de mauvaises notes, tu peux nous en parler. Sinon, sache que nous te considérons comme assez intelligent pour y voir.» Fin de la conversation. Et fin de l'époque où nous essayions de comprendre Jean-Michel.

Jean-Michel, devant notre changement d'attitude, a joué la victime encore plus fortement: il faisait donc pitié, personne ne le comprenait, il allait quitter l'école, il allait partir de la maison. Il a même un jour glissé dans la conversation que la vie était absurde au point même qu'il comprenait bien les gens qui mettaient fin à leurs jours. Tout cela nous faisait peur, à Christiane et à moi, mais nous étions vraiment convaincus que l'école n'était pas un endroit insalubre. Nous trouvions que Jean-Michel avait une occasion rêvée d'apprendre à tolérer des choses désagréables. C'est lui qui devait trouver du plaisir à apprendre dans ce milieu. Ce n'était pas à l'école de lui fournir ce plaisir. L'école offrait un lieu d'apprentissage, un point c'est tout.

Christiane a été vraiment bonne dans l'apprentissage que nous avions entrepris. En effet, nous étions en train d'apprendre notre rôle de parents d'un adolescent. Notre rôle n'était plus de le protéger de la même façon qu'autrefois en écartant les obstacles de son chemin. Nous devions plutôt lui offrir une dose de réalité. Nous avons commencé à trouver des stratégies ensemble au sujet de Jean-Michel. Par exemple, nous avons défini notre attitude devant un décrochage éventuel de la part de Jean-Michel. S'il laissait l'école, Jean-Michel serait toujours le bienvenu chez nous, mais en tant que pensionnaire, c'est-à-dire en tant qu'adulte responsable de sa vie, un adulte qui loge chez nous, à certaines conditions. Celles-ci étaient humaines (ce n'était pas les travaux forcés) et très claires. Elles portaient sur le partage des tâches domestiques, sur l'horaire familial et sur l'utilisation du téléphone, de la chaîne stéréophonique et du téléviseur. À notre avis, si Jean-Michel quittait l'école, il passait automatiquement dans le monde des adultes qui doivent travailler pour gagner leur vie. Christiane et moi n'aurions pas accueilli à la maison un adulte qui ne répondait pas à nos conditions. Nous nous sommes enfermés assez souvent dans notre chambre pour réfléchir ensemble à ces conditions.

Christiane croit que Jean-Michel a vu la liste des conditions que nous préparions ensemble. Il ne l'a jamais avoué, mais il semble qu'une fois, il a parlé d'un article qui était sur la liste qu'il était censé n'avoir jamais vue! Je pense personnellement que Christiane s'est organisée pour que Jean-Michel voie la liste «accidentellement». Elle en est bien capable. Mais elle non plus ne l'avouerait pas! De toute façon, Jean-Michel n'a pas eu à remplir les conditions que nous avions définies car, finalement, il n'a pas quitté l'école. Je crois que sa petite amie d'alors l'a influencé. Raphaëlle accordait beaucoup d'importance aux études. Elle aurait probablement laissé Jean-Michel s'il était devenu décrocheur.

Pour ceux et celles qui veulent réfléchir davantage

Persévérer dans ses études exige de la part de l'adolescent l'acquisition de plusieurs habiletés. Soutenir son enfant au cours des difficultés inévitables à la fréquentation scolaire exige aussi des parents qu'ils développent ou consolident plusieurs habiletés.

Pour l'adolescent, l'adolescente

Savoir tolérer certaines choses déplaisantes.

Être ouvert à de nouveaux apprentissages.

Savoir reconnaître l'importance de l'éducation par rapport au choix d'une profession.

Apprendre à s'engager dans des projets réalistes.

Être capable de persévérer dans un travail entrepris.

Pour le parent

Savoir tenir compte des besoins des autres.

Savoir proposer des projets et trouver des stratégies pour les réaliser.

Être capable de confronter son enfant tout en maintenant le lien avec lui.

Savoir se soutenir comme parents devant les affrontements et les changements des adolescents.

Et mon père qui me disait que la vie est simple!

Un petit devoir facultatif

S'imaginer que l'on est rendu dans l'avenir peut nous aider parfois à mieux vivre le présent. Alors, transportez-vous dans quelques années d'ici.

Fini le temps où vous deviez réveiller vos adolescents cinq fois le matin pour qu'ils puissent prendre l'autobus scolaire. Fini le temps où vous deviez soutenir vos enfants dans les épreuves ordinaires (et parfois extraordinaires) de la vie de travail scolaire. Félicitez-vous pour votre courage d'avoir cru à l'école alors que votre enfant n'y croyait pas beaucoup. Prenez conscience de toutes les choses que vous avez apprises en encourageant vos enfants à apprendre.

VII

L'homosexualité

Découvrir
son orientation sexuelle

Une façon de gérer des questions très difficiles est de prétendre qu'elles ne concernent que les autres. La préoccupation de l'orientation sexuelle en est un exemple frappant. On peut facilement définir les homosexuels comme ceux qui ont un problème et nous faire croire que tout cela ne nous touche pas personnellement. Pourtant, les sentiments forts suscités dans la société par cette question indiquent sans doute qu'elle appartient à chacun de nous.

Cette question invite le parent à s'interroger sur ses propres attitudes et comportements.

Est-il à l'aise avec sa propre orientation sexuelle?

Sait-il reconnaître que l'orientation sexuelle de ses enfants ne dépend pas de lui?

Sait-il demeurer en lien avec des personnes très différentes de lui dans leurs attitudes et leurs comportements?

Une adolescente de dix-huit ans raconte

Je dois le dire tout de suite: je suis amoureuse d'une personne extraordinaire et tout va bien dans ma vie. Être amoureux, ça aide partout. C'est plus facile de tolérer les contrariétés quotidiennes parce qu'on peut les confier à la personne chérie. C'est plus facile de faire face aux injustices: la personne aimée peut nous soutenir et, au moins, elle n'est pas injuste envers nous. C'est plus facile dans d'autres domaines aussi, par exemple dans l'entretien d'une maison.

Pour le moment, je n'ai pas de maison à entretenir avec Emmanuelle puisque je vis encore chez mes parents. De toute manière, Emmanuelle ne serait presque jamais à la maison: elle commence son internat en médecine et, après cela, elle veut se spécialiser en chirurgie. Mais je suis patiente parce que, moi aussi, je dois entreprendre et terminer mes propres études en architecture. Être homosexuelle n'empêche pas d'avoir des rêves d'avenir ni de devoir faire le ménage. Ma mère me l'a d'ailleurs rappelé la semaine dernière: «Même si tu es tellement amoureuse que tu ne portes plus à terre, tu vis dans une famille qui, elle, vit sur terre et tu dois ramasser tes choses.»

Ma mère a assez bien accepté que je sois lesbienne. Elle a souffert dans sa vie et elle a appris à accepter les gens tels qu'ils sont. Elle m'a souvent dit: «Parfois, le fait que les gens soient comme ils sont va te causer des torts. Dans ce cas-là, tu peux choisir de lutter pour faire redresser ces torts. Mais très souvent, le fait que les gens soient comme ils sont ne te cause pas *réellement* d'embêtements. Si tu ne subis pas d'embêtements réels, ne lutte pas contre ces gens ou leur manière de vivre. Accepte-les et, si possible, essaie de profiter du fait qu'ils sont différents de toi.»

Ma mère a beaucoup lutté contre une injustice qui a été faite à mon premier vrai père et à elle-même. C'était une injustice réelle, la cour l'a finalement reconnu. Maman n'a pas été tentée de lutter contre mon orientation sexuelle: elle considérait que ça ne lui causait pas de problèmes réels. Elle me l'a dit d'ailleurs: «Ce que je vis par rapport à ton homosexualité m'appartient. Tu n'as pas à subir mes inquiétudes ni mes questions. Je te respecte parce que tu as le courage de vivre selon ce qui est toi. Je t'aime tout autant qu'avant.» Je voulais tout de même savoir quelles étaient ses inquiétudes. Elle craignait, m'a-t-elle un jour avoué, de ne pas avoir de petits-enfants. Je l'ai taquinée en lui disant que la plupart des mères de filles de seize ans ont *peur* que leur fille leur présente un petit-enfant! Elle, elle s'inquiétait de ce que je n'en aie pas! Je la taquinais, mais je la comprends. C'est clair que je ne ferai pas partie d'un couple traditionnel. Maman doit s'ajuster à cette situation.

L'homosexualité, ce n'est pas facile à constater ni à accepter. En tous cas, ça ne l'a pas été pour moi. On ne demande pas aux hétérosexuels de s'expliquer. Mais comme les homosexuels sont moins nombreux et qu'ils sont encore l'objet de préjugés, ils se sentent facilement obligés de tout tenter pour se faire comprendre des autres. Du moins, c'était comme cela pour moi. Mais d'abord, il faut s'expliquer à soi-même. Et le soi-même est souvent bien plus inquiet ou sévère que les parents le seraient!

Ce qui m'a aidée à comprendre que j'étais homosexuelle, c'est d'être sortie avec deux garçons, un à la fois, bien sûr. J'aimais l'idée d'avoir un *chum* et j'étais curieuse par rapport à la sexualité. Mon premier *chum* voulait attendre notre mariage pour faire l'amour (j'avais quinze ans!). Alors, à part nous tenir la main pour montrer que nous formions un couple, nous n'avons rien fait sur le plan sexuel. Avec le deuxième, j'ai fait l'amour. À seize ans. Un peu plus tôt que prévu, puisque j'avais décidé, à l'âge de treize ans, que je fêterais mes dix-huit ans en sacrifiant ma virginité. Mon *chum* n'était pas brusque, ce n'était donc pas désagréable comme expérience. Mais je n'étais quand même pas enthousiasmée. En fait, j'étais plus curieuse qu'amoureuse. Je me disais: «Si c'est ça le grand bonheur que mes amies décrivent, ou bien elles exagèrent, ou bien je manque le bateau.»

Je me disais que j'en viendrais un jour à être vraiment enthousiaste de faire l'amour, mais je me forçais pour l'être. Je me disais que mon *chum* n'était peut-être pas l'homme de mes rêves. En effet, il n'était pas dans mes rêves. C'est aux femmes que je commençais à rêver, endormie comme éveillée. J'étais curieuse de savoir comment une femme était faite. Je me trouvais malade d'avoir cette curiosité parce que je le savais fort bien: j'en suis une! Je me suis mise à étudier très fort, à faire du sport et à me forcer pour être avec mon *chum*: je voulais me distraire de cette curiosité vraiment étrange. Un jour, après une partie de ballon-panier, une de mes coéquipières m'a massé le dos et le cou. J'ai tellement aimé ça que j'en ai eu peur. Pour la première fois de ma vie, j'éprouvais réellement du désir sexuel. La fille ne me faisait pas d'avances; mais être touchée par une femme, même seulement pour un massage, me donnait un plaisir délicieux comme je n'en avais jamais éprouvé auparavant.

J'ai été infidèle à mon *chum*. En effet, il me caressait et j'imaginais qu'il était une femme. Je me sentais confuse, et en même temps libérée. Je savais que j'avais un choix à faire, et ce n'était pas entre l'hétérosexualité et l'homosexualité. Là-dessus, je savais que je n'avais pas de choix. Pour moi, l'orientation sexuelle ne relève pas de la volonté ni d'une décision. Mon choix se situait à ce niveau-ci: m'accepter et m'aimer comme homosexuelle ou, au contraire, me rejeter et me détester comme homosexuelle. Ce qui m'a aidée, c'est que mes parents m'avaient toujours encouragée à suivre mes idées et à respecter mes besoins en autant qu'ils ne nuisaient pas aux autres.

C'est clair que mon homosexualité ne nuisait pas aux autres. Sauf à mon *chum*, parce que je lui étais infidèle en pensée. C'est à lui que j'ai dit pour la première fois que j'étais homosexuelle. Il ne m'a pas rejetée. Je pense qu'il était plutôt rassuré de constater que la difficulté de notre lien sexuel ne dépendait pas de son habileté comme amant.

Puis j'ai rencontré Emmanuelle. Elle avait dû lutter contre toutes sortes de préjugés, même en milieu médical où on devrait pourtant savoir que l'origine de l'homosexualité est un mystère. En effet, il existe toutes sortes de théories sur le sujet qui se modifient au cours des ans. Nous avons beaucoup parlé des préjugés et du courage exigé pour vivre selon notre orientation. Emmanuelle avait plus d'expérience que moi. Elle savait comment parler aux gens de notre différence sans pour autant tomber dans le piège de devoir nous justifier. Emmanuelle a été rejetée par son père. Monsieur Samson était tellement fier de la beauté de sa fille. On aurait dit qu'il était fâché que ce ne soit pas un homme qui profite de cette beauté. Mais tous les hommes de la terre peuvent profiter de la beauté d'Emmanuelle: ils n'ont qu'à la regarder! Pour éviter de nous voir ensemble, Emmanuelle et moi, monsieur Samson a prévu la fête de famille de Noël une journée où il savait qu'Emmanuelle serait prise à l'hôpital. Je m'attends à ce qu'il fasse cela à Pâques et probablement à la Trinité, comme dit la chanson. Emmanuelle reconnaît que c'est le choix de son père, mais ça ne l'empêche pas d'avoir de la peine. Se faire rejeter parce qu'on a le courage de suivre son chemin dans la vie, c'est loin d'être agréable. Il me semble que les parents devraient encourager leurs enfants à faire leurs propres choix.

Un père de famille raconte

Je n'arrive pas à tout comprendre de ce que vit ma fille, mais à ce moment-ci de ma vie, je comprends beaucoup plus de choses qu'il y a deux ans. À cette époque, je me serais étouffé en parlant de la situation de Caroline tellement j'avais la gorge serrée. Maintenant, c'est différent.

Ma fille Caroline a dix-huit ans et c'est une très belle fille. Je le mentionne parce que beaucoup de gens pensent encore qu'une lesbienne, c'est une femme d'allure masculine, mal vêtue et même grossière dans ses manières. J'ai 52 ans et je me souviens que, dans mon adolescence, on ne comprenait pas du tout le phénomène de l'homosexualité. On avait des noms très péjoratifs pour ceux qui avaient cette orientation: des «fifis» pour les hommes, des «butch» pour les femmes. Aujourd'hui, je réagirais très fortement si j'entendais quelqu'un traiter ma fille de «butch».

Caroline est ma fille adoptive. J'ai rencontré sa mère, Hélène, au supermarché lorsque Caroline avait deux mois. J'étais alors un «vieux garçon» de 34 ans qui, à ce moment-là de sa vie, avait un choix à faire... entre deux sortes de javellisant! Hélène m'a aidé à comprendre ce qui était écrit sur les bouteilles. Pour la remercier de cette leçon... d'étiquette, je lui ai offert un café.

Nous ne nous sommes pas fréquentés tout de suite. Mais, de temps en temps, j'allais aider Hélène pour des choses plus difficiles à faire seul, comme peindre sa cuisine. C'est comme ça que je me suis attaché à Hélène et à Caroline. Caroline était un bébé adorable. Un jour, je me suis décidé à les demander toutes deux en mariage.

Normand, le mari d'Hélène, était mort lors d'une explosion dans une usine de pâtes et papiers alors qu'Hélène était enceinte de Caroline. L'enquête avait attribué la cause de l'explosion à une erreur que Normand aurait faite. Mais Hélène n'en croyait rien. Elle savait combien Normand était responsable et minutieux: il n'aurait pas commis ce genre d'erreur. Elle était insatisfaite des résultats de l'enquête. Elle a même entrepris des démarches pour la faire rouvrir. Sa famille ne l'encourageait pas du tout dans cette démarche et lui reprochait même de dépenser du temps, de l'énergie et de l'argent qu'elle aurait dû consacrer à Caroline. Hélène a aussi subi toutes sortes de pressions de la part de certaines personnes, qui ne voulaient pas reconnaître qu'il y avait eu négligence de la part d'un des contremaîtres de l'usine (le neveu du président). Mais Hélène a tenu bon. Je l'ai soutenue autant que j'ai pu.

Pendant ce temps-là, Caroline grandissait et devenait de plus en plus comme sa mère: jolie, intelligente et solide. À l'adolescence, elle a commencé à s'intéresser aux garçons. À l'âge de quinze ans, elle a fréquenté un garçon de sa classe. Ce garçon était amoureux à en flotter au plafond, mais Caroline semblait l'apprécier comme ami seulement. On aurait dit qu'elle voulait avoir un copain pour faire comme tout le monde. Quelques mois plus tard, elle a commencé à sortir avec le fils de nos voisins, un gars qu'elle avait méprisé pendant tout le primaire. Maintenant, elle lui trouvait de grandes qualités; elle nous expliquait avec un peu trop d'insistance que Louis était un garçon très bien. Mais ils ne se tenaient jamais par la main. Ils regardaient la télévision «ensemble», chacun sur son fauteuil. Hélène et moi, nous nous disions alors que Caroline n'avait pas encore trouvé le grand amour.

Un jour, Caroline a trouvé son grand amour. Nous nous en dou- tions à la voir de bonne humeur, émotive, toute tendre. Nous atten- dions qu'elle nous présente «l'amour de sa vie». Elle l'a fait. Mais «l'amour de sa vie» était une femme. Je ne peux pas décrire combien j'étais bouleversé. Jusque-là, je m'étais cru assez ouvert par rapport à la question de l'homosexualité. J'ai un collègue homosexuel dont je n'ai pas peur. Dans une discussion, j'aurais défendu les droits des homosexuels. J'aurais prêché la tolérance et l'acceptation. Mais je ne pensais pas que ça arriverait à ma fille. Dans ma tête, je me disais: «Caroline est jolie, elle est brillante, elle mérite mieux que ça.» Remarquez bien que «ça», en l'occurrence, c'était une fille qui termi- nait ses études de médecine et qui aurait pu être mannequin telle- ment elle était jolie.

D'abord, je me suis mis à me blâmer, je ne sais même pas de quoi, mais ça me faisait du bien. J'espérais me trouver coupable de quelque chose. Alors j'aurais la possibilité de réparer mes «erreurs» et ainsi j'aurais pu aider Caroline à retrouver le «bon chemin». Ensuite, j'ai commencé à blâmer Hélène d'avoir trop développé un côté féministe chez Caroline. Je lui en ai parlé. Hélène m'a patiem- ment écouté pendant trois minutes, puis elle m'a dit de changer de refrain: «Nous pouvons démêler nos sentiments vis-à-vis de la situa- tion de Caroline ensemble ou séparément. Si tu as l'intention de me blâmer ou de te blâmer, ça va se faire *séparément*.» Fin de la conversa- tion. J'ai mieux compris alors comment Hélène avait gagné sa cause. Elle ne mange pas ses mots.

Je n'ai jamais eu l'idée de rejeter Caroline. Ma fille, je l'aimerais peu importe ce qu'elle fait. Mais je n'arrivais pas à *comprendre*. Et parce que je ne comprenais pas, j'ai offert à Caroline de lui payer une thérapie pour l'aider dans sa crise d'identité! Caroline, qui tient de sa mère, m'a calmement expliqué qu'elle en avait fini de consulter au sujet de sa «crise». Elle n'était pas en crise, mais amoureuse. Les questions sur son orientation sexuelle, elle se les était posées abon- damment deux ans auparavant. C'est d'ailleurs la psychologue de l'école qui l'avait rassurée: Caroline n'était pas un monstre d'éprouver cet attrait pour une personne du même sexe. Ma fille a ajouté qu'elle pourrait me donner le nom de cette psychologue si moi je voulais me faire aider. Et dire que c'est moi qui ai encouragé ces femmes à s'exprimer!

Ce n'est pas une psychologue qui m'a aidé, quoique je n'hésite- rais pas à consulter un professionnel si nécessaire. C'est Norbert, mon collègue homosexuel. Je savais que Norbert ne me jugerait pas si je lui parlais de mes inquiétudes par rapport à Caroline: être la cible des préjugés, ne pas avoir de partenaire mâle avec qui élever des enfants, etc. À ce moment-là, Norbert vivait une rupture avec le compagnon qu'il avait depuis dix ans et cela lui était très pénible. Il m'a fait comprendre que son couple avait eu des problèmes semblables à ceux des couples hétérosexuels: manque de communication, jalousie, etc. Ce n'était pas parce qu'ils se trouvaient dans une autre orientation que celle qu'on dit «normale». Il m'a surtout fait comprendre qu'on ne choisit pas son orientation sexuelle. On se découvre comme personne homosexuelle ou hétérosexuelle. Et peu importe son orientation, on doit faire des choix: se reconnaître, s'accepter et s'épanouir ou non.

Ce qui m'a aidé à mieux comprendre Caroline, c'est que même Norbert ne comprend pas la question de l'homosexualité. Pour lui, les causes de l'homosexualité sont inconnues. Il ne met donc pas d'énergie à tenter de percer ce mystère. Il se dit privilégié d'être homosexuel. Les questions qu'il a dû se poser en se découvrant homosexuel lui ont permis de se définir, de s'approfondir, d'apprendre à vivre avec ce mystère. Il a ajouté que je pourrais, moi aussi, me considérer comme privilégié d'être... hétérosexuel. Il disait que la dignité, la justice, l'approfondissement de la vie intérieure, c'est quelque chose auquel tout le monde a droit, y compris les «hétéros».

Pour ceux et celles
qui veulent réfléchir davantage

La sexualité est une dimension de tout notre être. On ne peut y échapper. Elle colore nos pensées, nos émotions, nos actions. Une foule d'habiletés sont nécessaires pour profiter au maximum de cette richesse. En voici quelques-unes.

Pour l'adolescent, l'adolescente

Se ressentir comme être sexuel et être à l'aise avec cela.

Avoir une bonne estime de soi.

Savoir marquer ses frontières, ne pas laisser les autres empiéter sur son territoire.

Se reconnaître comme une personne unique et s'accepter comme différente des autres.

Savoir créer des projets qui conviennent à ses valeurs.

Développer sa propre façon de penser et d'évaluer une situation.

Être capable de se reconnaître comme un être limité sans se dénigrer et sans s'en culpabiliser.

Pour le parent

Savoir marquer ses frontières, ne pas laisser les autres empiéter sur son territoire.

Être délicat, attentionné. Savoir deviner les besoins des autres, les prévenir.

Savoir tolérer les différences personnelles, culturelles et sociales.

Savoir exiger des autres le respect de ses droits.

Disposer d'un vocabulaire assez riche pour traduire ses pensées et ses sentiments avec précision.

Accorder de l'importance à ses liens avec les autres.

Accepter les autres dans leurs différences.

Être reconnaissant d'avoir des limites à cause des apprentissages qu'elles suscitent.

Quand on a la santé, on a tout ce qu'il faut!

Un petit devoir facultatif

Lorsque nous vivons une situation problématique, c'est souvent difficile de s'imaginer qu'elle finira un jour et que nous en sortirons sans doute différents.

Votre adolescent, qu'il soit homosexuel ou hétérosexuel, fera nécessairement, à un moment donné, des choix qui ne correspondent pas à vos valeurs. Il se peut que vous éprouviez beaucoup de désarroi dans ce cas. Projetez-vous dans l'avenir, dans cinq ans, par exemple. Vous pouvez maintenant considérer la situation avec un peu de recul. Félicitez-vous d'avoir «survécu» à cette épreuve; rappelez-vous les choses que vous avez apprises et traitez-vous avec bonté par rapport aux erreurs que vous savez maintenant reconnaître.

VIII

L'épreuve de la beauté

Apprendre à apprécier toute sa personne

Physiquement, certains adolescents sont exceptionnellement beaux. Il est difficile de s'imaginer que cela puisse être une épreuve. Pourtant, pour certains jeunes et leurs parents, c'en est une. Cette situation invite le parent à se poser certaines questions:

Est-il jaloux de la beauté de sa fille, de son fils?

Comment gère-t-il ses sentiments troubles (s'il en a) devant cette beauté?

Est-il capable d'aller au-delà de l'apparence physique pour aider son enfant à se former une vie intérieure?

Une adolescente de dix-sept ans raconte

Je suis sûre que bien des gens ne comprendraient pas ce que j'ai vécu dans les dernières années. Ils me diraient: «Elle se plaint le ventre plein.» C'est une expression que les adultes emploient pour parler de quelqu'un qui se plaint à propos de rien. Mais de mon point de vue, j'avais un vrai problème: je n'aimais pas mon visage, mes cheveux, mon corps. Pas parce que je les trouvais laids, mais je m'étais tellement fait dire que j'étais belle que j'en étais devenue inquiète. J'en étais venue à penser que mon seul talent était d'avoir un très beau visage. Certaines personnes me disaient même: «Avec le visage que tu as, il n'y a pas de danger, tu vas faire ton chemin dans la vie.» J'avais peur qu'il arrive quelque chose à mon visage. Si j'avais le moindre petit bouton, je paniquais parce que je pensais que j'allais rester cicatrisée.

Mes amies étaient envieuses. Elles ne me croyaient pas quand je leur disais que j'étais intimidée par les garçons. Selon elles, je pourrais séduire n'importe quel gars qui me plairait. Tout le monde pensait que j'avais beaucoup d'assurance personnelle: je suis grande, je ris facilement, je n'ai pas peur de parler en public. Mais c'était l'inverse: j'étais constamment inquiète, comme si je devais être aussi belle que les gens disaient que je l'étais. Parfois, je rêvais que j'avais eu un accident et que les gens continuaient de m'aimer malgré mon visage déformé, grâce à mes qualités de cœur et d'intelligence.

Il y a deux ans, le *chum* de ma mère a fait de l'abus sexuel envers moi. Je n'en ai pas parlé à ma mère parce que j'avais peur qu'elle se fâche contre moi et qu'elle dise que j'avais provoqué le monsieur. Si le *chum* de ma mère m'avait touchée, j'aurais crié au meurtre. Mais il ne m'a pas touchée, pas physiquement du moins. Il a seulement fait et dit des choses dégueulasses en se montrant et en se vantant. Après cela, je n'arrivais plus à dormir, j'avais peur qu'il me dénonce, je ne sais même pas au sujet de quoi. Après tout, je n'avais rien fait de mal. Mais j'avais quand même ce sentiment que j'allais être dénoncée. Pendant plusieurs jours, je ne voulais même pas me laver les cheveux. Je voulais être laide: ainsi, il n'y aurait pas un gars qui me jetterait un deuxième coup d'œil.

Mais je n'en pouvais plus de garder ce secret. J'en ai finalement parlé à mon amie Isabelle. Isabelle, elle, vit bien avec sa beauté. Pourtant, je ne dirais même pas qu'elle est belle physiquement. Mais elle est très brillante et elle ose dire et faire ce dont elle a envie. Elle sait toujours à qui s'adresser quand elle veut avoir quelque chose. Elle m'a persuadée d'en parler à la travailleuse sociale de l'école. Ça a été difficile. Il a fallu faire des démarches de toutes sortes, mais j'ai eu de l'aide.

Un jour, nous sommes retournées chez mon père. Ma mère disait que c'était seulement pour quelque temps, mais nous sommes toujours là! Mon père et ma mère reçoivent de l'aide pour leur mariage et pour l'éducation des enfants. J'espère que mon père va avoir de l'aide pour éduquer ses filles, car il en a besoin. En gros, c'est un bon père, mais il nous traite, ma sœur et moi, comme si nous étions soit des bébés, soit des adultes complètement formées. Il n'arrive pas à nous voir comme des adolescentes. Ma sœur Rachelle est aussi belle que moi, sinon plus, mais elle n'aura pas les mêmes complexes que moi parce qu'elle m'a! J'explique souvent à Rachelle que sa beauté n'est pas son seul talent et qu'elle n'est pas responsable de la réaction des autres par rapport à sa beauté. Je lui redis qu'elle est intelligente, généreuse, créative et qu'elle doit cultiver ces talents. Rachelle rêve d'ailleurs d'être astronaute. Je l'encourage dans ses projets, je ne lui dis surtout pas que c'est un rêve stupide.

Un père de famille raconte

Je n'ai pas souvent l'occasion de parler de choses intimes mais, si je décide de le faire, j'en suis capable! En effet, j'ai appris à parler un peu plus de moi durant la dernière année, à travers des moments difficiles que ma femme et moi avons traversés. Je me suis joint à un groupe d'hommes qui se réunissent pour s'entraider dans leur rôle de parent: cela m'aide à parler de moi-même sans trop de gêne. Le groupe m'a surtout aidé à me rendre compte que je ne suis pas un monstre. Je suis tout simplement un homme qui a encore des choses à apprendre.

Ma femme et moi sommes maintenant plus proches que nous ne l'avons jamais été. Notre mariage avait toujours été difficile: nous nous étions mariés jeunes, les enfants sont arrivés très tôt et nous avons eu des difficultés financières pendant de nombreuses années. Il y a quatre ans, nous nous sommes séparés. C'est Nicole qui le voulait pour se «retrouver». Je ne lui ai pas caché que ça faisait mon affaire qu'elle s'en aille. Je n'en pouvais plus des disputes; nous n'arrivions jamais à régler nos problèmes. Les filles sont parties avec elle, et moi, j'ai eu la garde de notre fils.

J'ai compris très tôt que ma femme n'était pas partie seulement pour *se* retrouver. Elle voulait aussi retrouver mon collègue de travail, Mario, qui avait été son premier *chum* à l'école secondaire. Mario et moi, nous travaillions dans le même garage, mais dans des services différents. J'ai compris pourquoi, dans l'année avant notre séparation, ma femme insistait pour garder la voiture même si elle devait venir me reconduire au travail et m'y reprendre. C'est là qu'elle avait l'occasion d'apercevoir Mario.

Nicole est donc partie habiter avec Mario chez lui. Elle m'assurait qu'elle vivait le parfait bonheur. Selon elle, Mario avait toutes les qualités que je n'avais pas: il était charmant, joueur, délicat, prévenant. Moi, de mon côté, je développais les mêmes qualités dans mes relations avec d'autres femmes! Je voulais d'ailleurs en connaître plusieurs. Dans les dernières années, les femmes ne s'étaient pas enlaidies, croyez-moi. Je pense que je revivais un peu de l'adolescence que j'avais écourtée en me mariant à dix-neuf ans. Je ne faisais pas de bêtise, cependant. Je n'avais pas envie de faire mal à qui que ce soit, surtout pas à moi.

Deux ans après que ma femme et Mario aient emménagé ensemble, ma femme est arrivée chez moi avec nos deux filles. Nicole criait et pleurait tout à la fois. Elle venait d'apprendre que son beau *chum*, celui qui avait toutes les qualités que je n'avais pas, avait abusé sexuellement de notre aînée, qui avait alors quinze ans. Véronique est belle comme un mannequin, elle sait attirer les regards comme une femme de 22 ans. Mais ce n'est pas une raison pour faire ce que Mario a fait. L'histoire, c'est que, durant une fête de famille à Noël, Mario aurait pris un petit coup de trop. À un moment donné, il s'est exposé à Véronique en disant qu'il espérait qu'elle en trouve un aussi beau que ça un jour. Ou quelque chose du genre.

La petite a été tellement surprise et écœurée qu'elle en a vomi pendant deux jours. Du moins, c'est ce qu'elle a fini par raconter à sa meilleure amie qui, elle, en a parlé à la travailleuse sociale de l'école, puis il y a eu tout un branle-bas. Ma femme a été avertie. Elle a demandé à Véronique pourquoi elle avait attendu deux mois pour en parler. Véronique a dit avoir eu peur que sa mère pense qu'elle avait fait quelque chose pour aguicher Mario. Elle avait eu peur aussi que Mario dise que c'était une histoire inventée. Mario a cependant fini par avouer qu'il s'était peut-être passé quelque chose. Il ne s'en souvenait pas bien parce qu'il était «un peu pompette».

Quand j'ai appris cela, j'ai voulu aller tuer Mario. Je le trouvais affreux d'avoir fait ça à ma fille. La colère que j'avais éprouvée envers lui lorsqu'il est parti avec ma femme a doublé. Ma femme ne m'appartenait plus, mais ma fille était encore à moi. Je voulais régler ça d'homme à homme. Mais Nicole ne voulait pas que j'aille parler à Mario. Elle se sentait elle-même terriblement coupable de n'avoir pas assez bien protégé Véronique. Elle se sentait de plus trahie par Mario. Elle venait me demander de la reprendre, elle et les deux filles, parce qu'elle ne pouvait plus supporter d'être sous le même toit que Mario. J'ai dit oui. Je me sentais le plus fort de tous ceux qui étaient impliqués dans cette histoire-là, et je me sentais très protecteur de ma famille. Le retour de ma femme devait être temporaire mais, finalement, nous avons repris ensemble. Heureusement, nous n'avions pas encore entamé les procédures de divorce.

Les choses ont fini par se replacer. Nous avons eu de l'aide pour Véronique, en famille. De plus, j'ai cherché de l'aide personnelle parce que je vivais secrètement des choses dont j'avais très honte. Lors de notre séparation, Véronique était encore une petite fille. Mais quand elle est revenue vivre chez nous, c'était presque une femme.

J'avais tout le temps envie de la toucher, seulement pour lui donner de l'affection bien sûr, mais cette obsession me faisait peur. Je voulais que Véronique me trouve gentil et beau. Je surveillais jalousement ses fréquentations. Pas un garçon n'était assez bon pour elle. Parfois, quand j'allais faire une course, je lui demandais de m'accompagner, j'étais tellement fier d'être vu avec une si belle fille. C'est avec ma femme que j'aurais dû aller faire la course, pas avec ma fille. Pourtant, je n'arrivais plus à trouver Nicole belle. J'aurais dû être content qu'elle me revienne, mais elle était revenue sous l'effet du choc, pas par amour pour moi. Du moins, c'est ce que je croyais. Parfois même, je me disais que, si ma femme n'était pas revenue, j'aurais pu me marier de nouveau avec une femme plus jeune, une femme aussi belle que Véronique l'était. Je me sentais coupable de penser comme ça.

Même si je n'ai jamais touché à Véronique, Nicole sentait qu'il se passait quelque chose. Elle m'accusait de «flirter» avec ma propre fille. Je lui répondais qu'elle exagérait et qu'elle réagissait à ce que Mario avait fait. Je me sentais accusé injustement. C'est seulement en parlant de cela avec un de mes frères que j'ai compris que j'étais dans une phase de confusion par rapport à ma fille. Je ne savais plus comment agir avec elle: la traiter en petite fille, ça n'allait plus; la traiter comme une femme adulte, ce n'était pas convenable non plus. Elle était encore adolescente. Mon frère m'a alors dit: «Tu agis et tu parles comme si Véronique était à toi, comme si elle était le centre de ta vie. Véronique a besoin d'un père, pas d'un homme qui ne voit que sa beauté et ses qualités. Il faut que tu la laisses aller. Elle ne t'appartient pas.»

Mais ce n'est rien. Mon frère a continué: «Apprends à te lier avec des femmes de ton âge, surtout avec Nicole. Tu as une belle femme, mais on dirait que tu ne vois que les femmes de ton imagination qui sont jeunes, pas ridées, pleines d'énergie.» Je ne l'ai pas bien pris sur le coup mais, par après, j'ai compris qu'il avait raison. Dans mon groupe d'hommes, j'ai eu le courage de parler de moi: je me voyais comme une sorte de monstre pas équilibré, car j'avais cette attirance et ces émotions vis-à-vis de Véronique. Les gars m'ont rassuré en disant que c'était ma manière à moi de faire face au fait que je vieillissais. Ça m'a fait du bien que les gars ne me jugent pas. Ça m'a aidé à comprendre que j'étais assez vieux maintenant pour être le père d'une adolescente qui a encore besoin de son père.

Pour ceux et celles
qui veulent réfléchir davantage

Les parents sont confrontés au fait que leurs adolescents sont des personnes distinctes. Les frontières personnelles doivent être bien définies dans les familles, sans quoi l'adolescent ne peut réaliser la tâche de partir de chez lui. Les frontières concernant la sexualité sont particulièrement importantes à respecter mais, malheureusement, elles sont parmi les plus difficiles à définir. Chacun à sa façon doit acquérir les habiletés pour définir et respecter ces frontières personnelles.

Pour l'adolescent, l'adolescente

Savoir bien se protéger. Connaître les ressources disponibles en cas de danger: numéros de téléphone, noms de personnes ou d'organismes sociaux susceptibles d'offrir de l'aide.

Avoir une bonne estime de soi.

Savoir marquer ses frontières, ne pas laisser les autres empiéter sur son territoire.

Savoir entreprendre des démarches difficiles, par exemple parler à ses parents d'une expérience qui lui fait peur.

Savoir demander de l'aide.

Savoir s'affirmer devant les autres.

Savoir développer sa propre façon de penser et d'évaluer une situation.

Pour le parent

Se ressentir comme un être sexuel et être à l'aise avec cela.

Avoir une bonne estime de soi.

Savoir distinguer entre ses pensées, ses sentiments et ses comportements.

Être fidèle à ses promesses.

Être capable de vivre seul.

Savoir échanger de l'information et aussi révéler des choses plus intimes.

Savoir demander de l'aide.

Être à l'aise avec le fait que tout change, par exemple que l'on vieillit.

Un petit devoir facultatif

Tout le monde rêve d'être pur, clair, limpide, d'éprouver seulement des sentiments «nobles». C'est un choc de devoir se débattre avec des sentiments, disons, moins «nobles».

Transportez-vous dans l'avenir. Imaginez que vous vous êtes réconcilié avec le fait d'avoir des sentiments ambigus ou du moins pas toujours purs. Comment vous sentez-vous? Félicitez-vous de votre humour devant votre «impureté». Peut-être même êtes-vous devenu relativement à l'aise avec le fait que vos enfants et les autres personnes (même celles qui sont en autorité, même les saints que vous honorez) ont aussi des sentiments plus ou moins purs. Réjouissez-vous de pouvoir vous faire confiance et de faire confiance aux autres malgré vos imperfections et les leurs.

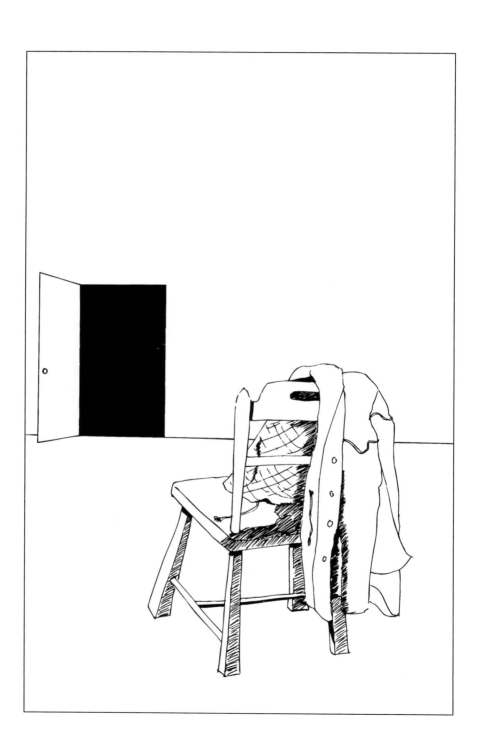

IX

La fugue

Apprendre à se pardonner

La fugue, au même titre que la consommation de drogue ou le suicide, est perçue par celui qui la fait comme une solution à un stress insupportable. La fugue prive l'enfant de la protection de ses parents et elle rend publique la dysfonction de la famille.

Cette situation invite le parent à s'interroger sur ses propres attitudes et comportements.

Sait-il remettre en question son comportement comme parent?

Soutient-il son partenaire dans les changements nécessités par l'entrée des enfants dans l'adolescence?

Est-il capable de faire face aux opinions défavorables de l'entourage sans perdre son estime personnelle?

Une adolescente de dix-sept ans raconte

Quand on me demande le nombre d'enfants dans notre famille, je ne sais jamais quoi répondre. Nous sommes quatre, mais un de mes frères est parti depuis quatre ans et nous ne l'avons jamais revu. Peut-être est-il mort. Nous ne le savons pas. C'est tellement compliqué à expliquer. Si je dis à des amies que j'ai un frère de trois ans plus âgé que moi, elles disent: «Que tu es chanceuse d'avoir un frère plus vieux. Il peut te présenter ses amis.» Mais ensuite, je dois dire qu'il n'est plus chez nous. Je préfère changer de sujet.

Quand Jean-Luc était avec nous, je le haïssais et je l'aimais tour à tour. Jean-Luc, c'est le deuxième des enfants. Il a une personnalité tout à fait contraire de celle d'Yvan, l'aîné. Après Jean-Luc, il y a moi, et ensuite il y a Martine, qui a seulement onze ans. C'est un peu moi qui élève Martine à ce moment-ci: ma mère ne s'est pas vraiment remise de ce que Jean-Luc a fait. Maman fait semblant d'être heureuse et enjouée, mais quelque chose est cassé en dedans d'elle et ça paraît, quoiqu'elle dise que nous devons avoir une vie de famille normale.

Tout cela n'est pas facile à expliquer parce que tout cela n'est pas facile à comprendre. À cause des problèmes de Jean-Luc, notre famille a souvent eu l'occasion de recevoir de l'aide. J'aimais parler au travailleur social, au psychologue ou au psychiatre. Ces gens-là voulaient que tout le monde s'exprime. J'aimais donner mon opinion sur les raisons pour lesquelles ça allait mal dans la famille. Yvan, en tant qu'aîné, me reprochait après les rencontres d'avoir dit des choses qui blâmaient ma mère ou mon père. Mais moi, je savais que je ne les disais pas pour être méchante. C'est simplement que les «psy» voulaient avoir l'opinion de tout le monde pour poser le diagnostic de nos problèmes. Ces rencontres m'ont permis de mieux comprendre ce qui se passait pour et avec Jean-Luc. Grâce à ces rencontres, je peux maintenant parler de notre situation.

C'est clair que mon frère nous a donné de gros ennuis. Quand j'étais petite, j'en avais peur parfois. Jean-Luc avait des idées saugrenues et il m'entraînait dans ses mauvais coups. Pour pouvoir être amie avec lui, je me laissais entraîner puis j'étais punie. Yvan, lui, c'était le petit ange de la famille. Il avait le tour de faire sourire maman. Il faisait ses devoirs de lui-même en revenant de l'école, il réussissait bien à l'école, il était obéissant. Mais il n'était pas gentil avec moi. Jamais il ne m'aurait prêté un de ses jouets et, quand nous étions plus vieux, il ne voulait pas discuter avec moi. Il me disait souvent que je n'étais qu'une fille, que je n'étais pas intelligente. Aujourd'hui, Yvan est encore un ange à sa manière. Il est toujours au-dessus de ses affaires. Il se permet même de nous donner des conseils, à Martine et à moi, pour diriger notre vie. Martine et moi, nous rions de lui dans son dos. Yvan est tellement orgueilleux qu'il ne se rend même pas compte que son attitude éloigne les gens. Il n'a pas trop de succès auprès des filles. C'est facile à comprendre: il ne parle jamais de lui-même pour de vrai. Il ferait un bon pape: bon pour prêcher, mais collé sur sa chaise au-dessus des autres.

Jean-Luc et moi, nous nous sommes souvent parlé de cœur à cœur. Il me disait comment il voyait le monde. Il avait une manière vraiment originale de percevoir les autres. Nous écrivions des poèmes. Moi, j'écrivais des poèmes sur mon chat et sur les fleurs. Lui, il écrivait sur le «mal de vivre». Un jour, je lui ai demandé ce que c'était le «mal de vivre». Il m'a répondu que c'était comme quand j'avais mangé trop de bonbons à Noël: j'avais alors déclaré après mon indigestion que je n'en mangerais jamais plus. Il disait que le «mal de vivre», c'est ce qu'éprouve une personne lorsqu'elle se rend finalement compte que rien dans l'univers ne peut la consoler d'y être.

Il faut dire que Jean-Luc a eu des épreuves. Il a eu du mal à s'adapter à l'école dès la maternelle. Il voyait ses lettres à l'envers, ensuite, il ne voyait plus ses lettres du tout. C'est alors qu'on a découvert qu'il avait besoin de lunettes. Il était humilié de devoir porter des lunettes. Puis, il avait du mal à se faire des amis. Les parents des enfants ne voulaient pas qu'il joue avec leurs enfants parce qu'il leur faisait faire des coups pendables. Un jour, il a ouvert un hôpital. Il a fait ramasser toutes les poupées des enfants du quartier et il les a toutes ouvertes pour les «opérer». Mes parents ont dû rembourser aux parents les neuf poupées décédées à la suite de l'opération.

Cette histoire a l'air drôle. Mais je pense que, pour ma mère, elle a été un point tournant. Auparavant, maman semblait penser que Jean-Luc était un petit garçon espiègle. Après l'histoire des poupées, elle était convaincue qu'il était un enfant pervers qui ne pouvait pas maîtriser ses comportements. On aurait dit qu'elle s'était mise à craindre que Jean-Luc coupe des vraies personnes en deux. Chaque fois qu'il faisait un coup, ma mère en amplifiait les conséquences possibles. Elle avait peur qu'il devienne un délinquant et qu'il finisse en prison. Elle parlait souvent de la honte qu'elle éprouvait devant les voisins. Une fois, lors de nos rencontres de thérapie familiale, elle a mentionné que, ce qui l'avait agacée, c'est le fait que Jean-Luc ait déshabillé les poupées. Elle craignait que les voisins pensent que Jean-Luc était en train de devenir un violeur.

Chaque fois qu'un intervenant suggérait à maman de changer une attitude ou un comportement, elle répliquait que c'était Jean-Luc qui avait un problème. Selon elle, nous aurions été une famille réussie si Jean-Luc s'était bien comporté. Jean-Luc entendait ça et, immanquablement, la semaine suivante, il fournissait une autre preuve qu'il était méchant. Il a mis le feu à un hangar, il a volé un manteau dans un magasin, il a fait du vandalisme à l'école, il a pris de la drogue. Il a fait plein d'autres choses. Plus Jean-Luc était méchant, plus Yvan prenait un air vertueux. Ça m'écœurait.

Finalement, Jean-Luc est disparu. Il est parti un matin, supposément pour aller à l'école, mais il n'est pas revenu. Mes parents ont découvert qu'il leur avait pris de l'argent. Ils l'ont fait chercher, ils ont même engagé un détective privé pour le retracer. Je savais que la police ne trouverait pas Jean-Luc parce qu'il se cachait certainement. J'ai reçu une carte de lui quelque temps après son départ. Ma mère a été très fâchée contre moi parce que c'est à moi qu'il avait écrit et pas à elle. Jean-Luc disait qu'il m'aimait beaucoup, mais qu'il avait dû quitter la maison parce qu'il étouffait chez nous. Il me disait de l'oublier. Je crois qu'il disait ça pour être dramatique. Il sait bien que je ne pourrais pas l'oublier. Lui non plus d'ailleurs ne pourrait pas m'oublier. Peut-être qu'il va me contacter un jour. J'en rêve parfois.

Un père de famille raconte

Quand on décide de fonder une famille, on ne sait pas ce que l'avenir nous réserve. Il faut confier sa famille au Seigneur parce que, comme parents, nous sommes très limités. Je me suis marié à 34 ans, assez tard comparativement à mes amis. J'ai voulu prendre mon temps pour trouver la femme qui aurait les mêmes valeurs que moi et qui pourrait bien élever nos enfants. Pauline avait dix ans de moins que moi, elle était sérieuse et responsable. Nous rêvions d'avoir quatre beaux enfants qui deviendraient des citoyens responsables. Tout parent souhaite ça.

Un des thérapeutes qui nous a aidés au sujet de Jean-Luc m'a dit un jour: «Jean-Luc te dérange dans le sens de dé-ranger.» Je commençais en effet à m'apercevoir que j'étais un homme très rangé, trop rangé pour accepter qu'on ne puisse pas mettre ses enfants en rang. Je m'étais fait une sorte d'équation personnelle par rapport à la vie: «Si je suis responsable, si je travaille bien, si je prie Dieu de m'aider, tout va bien aller.» Des équations comme ça, ça m'allait bien, puisque je suis comptable et en plus, fonctionnaire au gouvernement. Je croyais vraiment que la réponse aux problèmes de la vie se résumait à responsabilité, travail, prière. Jean-Luc, lui, dès sa première enfance, avait l'air d'avoir d'autres idées. Son équation à lui, c'était plutôt: jeu, expérience, invention, immédiat. Il se souciait tellement peu des conséquences de ses actes que ça m'affolait. Il n'y avait pas moyen de lui faire comprendre qu'il y avait autre chose dans la vie que le plaisir immédiat.

C'était difficile pour Pauline de faire face à notre garçon. Jean-Luc lui montrait souvent qu'il ne l'aimait pas. Il repoussait ses caresses, il disait ouvertement qu'il ne voulait pas être un bon petit garçon pour faire plaisir à sa maman. Un des thérapeutes a dit un jour à Pauline qu'elle avait une personnalité rigide. Le thérapeute était naïf: on ne dit pas ça à quelqu'un. D'abord, ça ne se dit pas, et puis ça rend la personne encore plus rigide. Du coup, Pauline a rompu l'entente que nous avions de suivre la thérapie de couple avec ce thérapeute. Mais je crois savoir ce qu'il voulait dire à Pauline. C'est presque comme si elle avait peur de Jean-Luc depuis sa naissance. Quand notre fils lui tenait tête, elle adoptait l'attitude qu'il fallait le «casser», sinon il deviendrait un enfant gâté. Pauline n'a jamais frappé Jean-Luc, mais elle était très sévère avec lui. On aurait dit qu'elle était fâchée qu'il soit moins gentil que son frère aîné. Quand Claudie est née, Pauline a été tellement contente d'avoir une fille. Je pense que, dans le fond, elle a peur des hommes, même très petits. Elle n'a pas peur de moi, bien sûr, mais je dois dire que je me suis toujours montré doux avec elle.

Nous avons eu tous les diagnostics et tous les avis au sujet de Jean-Luc: dyslexie, trouble déficitaire de l'attention, trouble d'adaptation sociale, trouble schizoïde, trouble explosif intermittent, trouble anxieux et, finalement, trouble global du développement. Je vous en épargne les définitions. On nous a même dit que le problème de Jean-Luc était d'ordre physique, qu'il y avait quelque chose de débalancé dans les protéines de son cerveau, ou peut-être qu'il mangeait trop de sucre ou encore qu'il était allergique au lait. Pour nous, peu importe le diagnostic, Jean-Luc était un enfant difficile qui nous inquiétait constamment par son comportement. Nous avons vu des pédiatres, des nutritionnistes, des psychiatres, des travailleurs sociaux, des psychologues et même des chiropraticiens parce que la colonne vertébrale de Jean-Luc était peut-être mal alignée. Nous avons même consenti à ce que Jean-Luc soit placé dans une famille d'accueil pendant quelques mois. Rien n'y faisait. C'est comme si cet enfant était déterminé à nous prouver que nous avions tort de vouloir l'élever.

Je souffrais terriblement de voir Jean-Luc aux prises avec tant de problèmes. Mais je cachais ma souffrance pour ne pas augmenter celle de ma femme. Maintenant que je suis moins «rangé», je me dis que j'aurais pu pleurer, me fâcher, avouer que j'avais peur. Mais je cachais mes sentiments, car je n'avais pas appris à les exprimer. Pleurer aurait démontré que mon équation responsabilité/travail/ prière ne fonctionnait pas. Je ne voulais pas montrer que j'étais terrifié. Pendant quatre ans, j'ai même fait semblant de prier pour ne pas montrer que j'étais fâché contre Dieu. Je n'osais pas dire ouvertement que j'avais perdu la foi. Maintenant, je vois que c'était bien de perdre une certaine forme de foi. J'ai dû commencer à mettre ma foi ailleurs. Un thérapeute, qui respectait mes croyances religieuses et spirituelles, m'a aidé à cet égard en me rappelant que Jean-Luc avait besoin que je croie en lui.

Je me suis efforcé de reprendre foi en Jean-Luc en essayant d'amorcer des conversations avec lui mais, avant que mes efforts n'aboutissent, il est parti. À seize ans. Sans nous avertir. Nous l'avons fait chercher par la police bien sûr, il aurait pu être en danger ou avoir été amené de force. Mais finalement, nous avons dû nous résigner. Jean-Luc avait décidé de partir pour tenter à sa manière de faire sa propre vie. C'est terrible la culpabilité que j'ai ressentie. Je me suis blâmé de tout: de n'avoir pas su l'écouter, de ne pas avoir aidé Pauline à être plus détendue dans son rôle de mère de famille, de ne pas avoir vu les problèmes avant qu'ils soient trop graves, de ne pas avoir assez joué avec Jean-Luc. Et surtout d'avoir perdu la foi en lui. Je l'avais laissé me convaincre qu'il n'était pas une personne digne de confiance. Aujourd'hui, quand je vois des sans-logis quémander quelques sous, je les regarde et je leur dis tout bas: «Peu importe comment vous êtes arrivés dans cet état, vous êtes dignes de confiance.» Je n'ai pas du tout envie de leur servir mon équation: «Responsabilité, travail, prière égalent bonheur.»

D'ailleurs, je fais de moins en moins de ce genre d'équation, à mesure que je me réconcilie avec le départ de Jean-Luc. J'accepte mieux de ne pas pouvoir tout comprendre ce qui s'est passé. Pour moi, c'est un gros changement. Je me sens moins coupable maintenant. Je me pardonne progressivement certains manques que je reconnais. Je rêve souvent à Jean-Luc en dormant. Mais mon meilleur rêve, je le fais éveillé: les policiers viennent m'avertir qu'ils ont trouvé Jean-Luc. Il est en prison à l'autre bout du pays et je vais le voir. Il ne veut pas me parler, mais il me regarde et je lui dis simplement: «Jean-Luc, j'ai confiance en toi.» Dans une visite subséquente, nous nous parlons enfin et je lui dis: «J'espère que tu pourras avoir confiance en moi un jour.» C'est seulement un rêve, mais je m'exerce au cas où je puisse le lui dire pour de vrai un jour.

Pour ceux et celles
qui veulent réfléchir davantage

La vie en présence d'un adolescent «à problèmes» est une source de stress considérable. Comment tous les membres de la famille peuvent-ils faire face à ce stress afin de profiter quand même des plaisirs de la vie familiale? Il leur faudra posséder ou acquérir les habiletés suivantes.

Pour l'adolescent, l'adolescente

Avoir une bonne estime de soi.

Être capable de relever les défis de la vie sans vivre une angoisse continuelle.

Pouvoir vivre des moments difficiles sans remettre en question son existence.

Savoir retarder la satisfaction de ses besoins et bien diriger ses impulsions, surtout en ce qui concerne la colère et la violence.

Se percevoir comme responsable de sa destinée.

Pour le parent

Être capable de se laisser toucher physiquement et émotivement.

Savoir utiliser les ressources d'entraide de la communauté.

Être ouvert à de nouveaux apprentissages.

Savoir gérer son stress.

Éviter de blâmer les autres pour ses propres actions.

Savoir tenir compte des besoins des autres.

Savoir écouter une autre personne en se sachant différent d'elle.

Savoir entreprendre des démarches difficiles, par exemple demander pardon, ouvrir sur ses pensées et ses émotions.

Savoir se détacher, laisser aller des regrets, des remords, des colères, des rancunes, des préjugés, des idées et des façons de faire.

Accorder de l'importance à ses liens avec les autres.

Être capable de se reconnaître comme un être limité sans se dénigrer et sans s'en culpabiliser.

Se rendre compte que le lien est basé sur la parole donnée, que l'on ne peut contrôler les agissements d'une autre personne, que l'autre personne est libre.

Un petit devoir facultatif

Pardonner une faute à ses ennemis, c'est relativement facile. Pardonner une offense à ses amis, c'est plus difficile. Se pardonner une faute à soi-même, c'est admirable. Si on y regarde de près, il n'y a personne de plus dur envers soi-même que soi-même.

Quel parent n'a rien à se pardonner? Prenez quelques instants pour constater que vous pouvez le faire, que vous prenez maintenant moins de temps que jadis à vous réconcilier avec vous-même. Constatez avec surprise que plus vous réussissez à être bon vis-à-vis de vous-même, plus vous pouvez être tendre pour les autres.

X

La grossesse chez les adolescents

Apprendre à se dépasser

La grossesse d'une adolescente vient nécessairement remettre en question sa relation avec ses parents et avec son partenaire. En effet, cet événement arrive prématurément dans la vie de la jeune fille qui n'a pas terminé ses apprentissages d'adolescente.

Cette situation invite tout parent à s'interroger sur ses propres attitudes et comportements.

Sait-il soutenir son partenaire dans cette nouvelle situation?

Sait-il continuer d'être le parent de sa fille?

Va-t-il résister à la tentation d'effacer cet événement en suggérant l'avortement?

Une adolescente de dix-huit ans raconte

Avoir un enfant à seize ans, surtout quand on est une fille, ce n'est pas un cadeau. Je n'aurais jamais pensé que cela pouvait m'arriver. Mais c'est vrai que je n'exigeais pas toujours que mon partenaire porte un condom. Certains gars ne veulent pas en porter. Ils disent que ça les empêche de jouir. Je courais des risques, je l'avoue maintenant. J'ai commencé à faire l'amour à quatorze ans. Je sais que c'est un peu jeune, mais je pensais que j'avais la maturité pour le faire. À ce moment-là de ma vie, j'étais triste, confuse et mêlée à cause de ce qui s'était passé dans ma famille auparavant. En effet, mon père était alcoolique et violent envers ma mère. J'étais souvent seule à la maison, ma mère travaillait de quatre heures à minuit à la cuisine de l'hôpital. Elle m'interdisait d'inviter des garçons chez nous, mais elle ne pouvait pas vérifier ce que je faisais.

Avec David, c'était meilleur qu'avec les autres garçons. Il a attendu plus longtemps que mes autres *chums* avant de me proposer de faire l'amour. Il ne m'a jamais forcée, je n'ai jamais été violée par lui. Au début, nous nous entendions très bien. Mais je suis devenue jalouse, non seulement des autres filles de la classe, mais parce qu'il faisait ses devoirs au lieu de passer du temps avec moi. Je faisais des crises et David réagissait comme mon père: il partait en claquant la porte et, plus tard, c'est moi qui devais faire les premiers pas pour le revoir. Alors nous avons «cassé». Mais j'étais déjà enceinte sans le savoir.

Être enceinte n'était pas un gros drame pour moi. Je me disais qu'un bébé me donnerait de l'affection, que j'aurais du plaisir à m'occuper de lui. J'aimais aller garder dans les familles où il y avait des bébés. J'étais une bonne gardienne, tout le monde voulait m'avoir. Ce qui m'a surprise, c'est combien ça fait mal d'accoucher. J'ai hurlé tout le long du travail. Je ne voulais pas qu'on me touche tellement ça faisait mal. J'ai même crié que je ne voudrais pas voir mon bébé une fois qu'il serait finalement arrivé. Quand le bébé est né, le médecin a constaté qu'il avait un problème au visage. J'avais l'impression d'avoir échoué même là. Je me sentais terriblement coupable parce que j'avais fumé durant ma grossesse.

L'infirmière et la psycho-éducatrice du CLSC m'ont aidée. Je me suis jointe à un groupe de jeunes mères pour apprendre à éduquer un enfant. J'étais la plus jeune des mères. Les autres femmes se plaignaient que leur conjoint n'en faisait pas assez pour les aider. Moi, je n'avais même pas de conjoint. Je vivais chez ma mère. Elle n'était pas là la plupart du temps, elle devait travailler ou dormir. J'étais toujours fatiguée. Je trouvais qu'Étienne ne m'aimait pas comme un bébé devrait aimer sa mère. Nicole et Judith m'ont fait comprendre que je devais aimer mon bébé même s'il avait l'air de ne pas m'aimer. Aujourd'hui, je l'aime beaucoup, mon enfant. Ça va mieux dans le reste de ma vie aussi. Je sais maintenant que je pourrai finir mon secondaire. Il me reste seulement un an à faire. Après, je voudrais étudier dans le domaine de l'hôtellerie.

Un adolescent de dix-huit ans raconte

Parfois, je vais prendre une bière avec des amis. Ils parlent de sports, de filles, de voitures, de voyages. Je les envie un peu parce que moi, je n'ai pas les moyens ni d'avoir une voiture, ni de faire du sport, ni de voyager. Ma situation est différente: j'ai un enfant. Mes amis trouvent que j'en fais trop pour aider Rachelle puisque nous ne sortons plus ensemble. D'ailleurs, j'ai une blonde maintenant. Et Rachelle va certainement se trouver un autre *chum* un jour. Je ne suis pas inquiet pour elle, elle est très jolie et elle a un très bon caractère.

Je fais de mon mieux pour aider Rachelle parce qu'Étienne, c'est mon fils autant que le sien. Mes parents aussi m'aident. Je discute souvent avec mon père, qui a d'ailleurs beaucoup changé depuis la venue du bébé. Ma mère m'enseigne des trucs domestiques. Par exemple, elle me montre à cuisiner pour que je puisse préparer des repas pour Rachelle et sa mère. Je me suis engagé à faire deux soupers complets par semaine pour Rachelle, sa mère et Étienne. C'est plaisant d'arriver après sa journée et de trouver le repas préparé.

Tout le monde nous a bien aidés, Rachelle et moi. J'accepte cette aide, mais je me considère comme le coordonnateur des services offerts. Parfois, je suis découragé et je pense que ma vie est gâchée. Avant d'avoir Étienne, j'avais un idéal: je rêvais de répandre la paix sur terre en travaillant dans le domaine de l'écologie. Mon père me faisait remarquer, l'autre jour, que je fais des choses pour répandre la paix sur terre lorsque j'aide Rachelle. Selon lui, l'univers commence dans notre propre maison et c'est chez nous qu'on peut agir pour aider l'environnement.

Ce qui m'aide à traverser les moments difficiles, c'est qu'Étienne est un beau bébé en bonne santé. Il est toujours content de me voir. Il me connaît très bien parce que je m'en occupe depuis sa naissance. Il a un petit handicap au visage, mais ça ne me dérange pas. Il a les mêmes yeux que moi, tout le monde le dit, sauf la mère de Rachelle qui dit qu'il a les mêmes yeux que son père à elle. Elle est un peu aveugle en ce qui concerne Étienne. Il va falloir que je lui parle, d'ailleurs, parce qu'elle lui donne du chocolat alors que ce n'est pas recommandé pour les enfants. Ça les surexcite, c'est prouvé. Ce n'est pas facile d'avoir de l'autorité quand on est jeune. Mais j'apprends à dire ce qui est important pour Étienne. Ce petit-là a besoin d'être protégé. Il va grandir en sachant qu'il peut compter sur son père.

Une mère de famille raconte

Ça faisait un bout de temps que David n'allait pas bien. Je savais que quelque chose le préoccupait. Un soir, alors que mon mari était parti se coucher, David en a profité pour enfin me parler seul à seul de ce qui n'allait pas. Mon mari est prompt et il réagit fortement. Moi, j'ai la réputation d'écouter jusqu'au bout. Mais ce soir-là, j'ai dû me retenir à deux mains pour ne pas éclater avant que David ait fini de parler.

Il arrivait de chez Rachelle, son ex-petite amie. J'étais surprise parce que je croyais qu'ils ne se fréquentaient plus. C'est Nadine qui était maintenant l'élue de son cœur. À seize ans, les jeunes changent souvent de partenaire. Ce soir-là, donc, David voulait me dire que Rachelle était enceinte de lui. De quatre mois. Il le savait depuis le début. C'était arrivé juste avant qu'il ne rompe avec Rachelle. C'était trop tard pour penser à un avortement. De toute façon, Rachelle voulait garder le bébé.

J'ai cru devenir folle. Tout en dedans de moi criait: «Ton fils a mis une fille enceinte. Il ne pouvait pas se retenir?» Jamais je n'ai éprouvé une telle colère contre mon fils. Je ne pouvais même pas le regarder dans les yeux. David, lui, était nerveux. Il avait peur que je le rejette. Moi, je me disais qu'il venait de ruiner la vie d'une fille et la sienne. David avait beau me répéter qu'il n'allait pas laisser Rachelle, qu'il prendrait ses responsabilités de père, je ne le croyais pas. C'est à ce moment-là surtout que j'ai dû me retenir à deux mains. Je voulais lui crier: «Ne viens pas me parler de prendre tes responsabilités! Tu ne les as jamais prises, surtout pas la fois que tu as décidé de faire cela à Rachelle. Tu ne sais même pas faire ton lit correctement et tu dis que tu vas t'occuper d'élever un enfant.» Je ne ressentais aucune sympathie.

C'était nouveau pour moi de ne pas éprouver de sympathie pour David. Ce manque de sympathie m'a cependant poussée à faire une chose nouvelle. J'ai arrêté de servir d'intermédiaire entre David et son père. J'ai dit à David d'aller lui-même parler à son père. Je ne voulais pas assister à leur discussion. Je sortirais même de la pièce s'il commençait à le faire en ma présence.

David était terrifié. D'un côté, il se disait grand et responsable. De l'autre, il était l'enfant qui avait peur d'avouer une faute à son père. Ils en ont discuté. Je ne sais pas comment ça s'est passé et je ne le leur ai pas demandé. Tout ce que je sais, c'est que mon mari m'a dit: «Il va falloir les aider.» Je suis tombée des nues. Je pensais que mon mari allait rejeter David et c'est plutôt lui qui proposait de l'aider. Moi, j'avais envie de punir David parce qu'il avait agi d'une façon irresponsable.

En réfléchissant plus calmement à ma réaction, je me suis rendu compte que la situation me rappelait une expérience que j'avais vécue à seize ans. Mon *chum* d'alors m'avait laissé tomber parce que je ne voulais pas faire l'amour avec lui. Je ne me sentais pas prête et j'avais peur. J'avais refusé ses avances. Il m'avait donc laissée. J'avais été terriblement blessée. J'étais certaine, sans connaître ce qui s'était passé entre David et Rachelle, que David avait forcé Rachelle à faire l'amour. Je mêlais mon histoire à celle de Rachelle, je m'en rends compte aujourd'hui. Une de mes amies m'a aidée à le voir.

J'ai quand même encore un peu de mal à accepter cette situation. Il me semble que ces jeunes ont été privés d'une partie de leur jeunesse. Je ne trouve pas que d'avoir des adolescents comme parents, c'est l'idéal pour un bébé. Mais c'est comme ça. Ne pas accepter tout à fait la situation a quelque chose de bon pour moi. Cela m'aide à me rappeler que la situation de David, de Rachelle et d'Étienne *n'est pas la mienne*. Ils sont responsables de leurs actions. Prendre conscience de cela ne m'empêche quand même pas de vouloir les aider. J'offre l'aide que je peux et je refuse celle que je ne veux pas donner. Par exemple, j'ai refusé de garder l'enfant pendant que Rachelle retournait à l'école des adultes pour finir son secondaire. J'aide autrement. Le petit Étienne est un beau petit bébé et je n'ai pas de mal à l'aimer. Il a une petite face croche parce qu'il a une légère paralysie au visage, mais ça lui donne un petit air taquin. Je montre ses photos à toutes mes amies.

Un père de famille raconte

À Noël dernier, je suis allé à la messe pour la première fois depuis des années. Le curé parlait des changements qu'un bébé peut causer dans le monde. Il parlait de Jésus, mais moi, je pensais à Étienne, mon petit-fils de dix-huit mois. Quand j'ai appris que ma fille Rachelle était enceinte, j'ai été bouleversé. C'est mon ex-femme qui me l'a annoncé tout en se permettant de me blâmer. Selon elle, c'est mon manque d'affection qui aurait poussé Rachelle dans les bras de David. C'est vrai que je n'avais pas vu Rachelle depuis deux ans. Elle avait cessé de me rendre visite. Sa mère l'encourageait d'ailleurs à ne pas venir chez moi sous prétexte que j'avais un problème d'alcool. J'en ai encore un, mais je suis en train de le vaincre. Ça ne m'empêche pas, quand même, de voir Rachelle et surtout Étienne.

Ma femme m'a blâmé de ne pas avoir donné assez d'affection à Rachelle. Moi, je me suis blâmé de mes manques comme père de famille: j'ai bu, j'ai été violent avec ma femme au point qu'elle s'est réfugiée dans une maison pour femmes violentées. J'ai eu des démêlés avec la police. Mais, au moins, je n'ai jamais reproché à Rachelle son comportement. C'est étrange, mais je comprenais qu'elle faisait toujours de son mieux même quand elle se mettait dans des situations dangereuses, par exemple coucher avec ses *chums* sans se protéger.

Après le coup de téléphone de mon ex-femme, j'ai appelé Rachelle pour lui demander de la rencontrer au restaurant. Elle pensait que je lui suggérerais de se faire avorter. Franchement, j'ai déjà été violent, mais jamais au point de recommander à ma fille de se faire avorter. Au restaurant, j'ai découvert que Rachelle fumait. Je lui ai dit que ce n'était bon ni pour elle ni surtout pour son bébé. Elle m'a répondu de me mêler de mes affaires. En sortant du restaurant, j'ai jeté mon paquet de cigarettes. Je n'ai plus jamais touché à une cigarette. C'est comme si j'avais voulu arrêter de fumer à la place de Rachelle. Je me disais que mon petit-fils ne respirerait pas la fumée quand il viendrait chez moi. Car j'étais certain que ce serait un garçon. Je souhaitais que c'en soit un, je pourrais lui parler comme j'aurais voulu que mon père me parle. Je ne pense pas que David ne pourrait pas parler à son fils. Mais moi, j'ai plus d'expérience de vie que David.

Étienne va aller loin dans la vie. Il est tellement intelligent et il n'a même pas encore deux ans! Je lui ai acheté une scie à chaîne en plastique. Il sait exactement comment s'en servir. Il dit: «Les arbres, en bas, grand-papa.» Quand tous les arbres sont coupés, je lui dis combien il est fort et qu'il a bien coupé les arbres. Il aime ça. J'arrête ici, parce que je deviens «braillard» quand je parle d'Étienne.

Pour ceux et celles
qui veulent réfléchir davantage

Pour faire face aux problèmes suscités par la grossesse d'une adolescente, parents et adolescents doivent posséder diverses habiletés.

Pour l'adolescent, l'adolescente

Savoir prendre soin d'un jeune enfant.
Éviter de blâmer les autres pour ses propres actions.

Être loyal, fidèle à ses engagements.
Savoir tenir maison de façon créative et selon ses valeurs.
Être généreux de son temps, de son argent et de ses biens.
Accorder de l'importance à ses liens avec les autres.

Pour le parent

Savoir tenir compte des besoins des autres.
Savoir se détacher, laisser aller des regrets, des remords, des colères,
    des rancunes, des préjugés, des idées et des façons de faire.
Être fidèle à ses engagements, petits et grands.
Savoir être généreux de son temps, de son argent.

Ils sont fous, ces auteurs! Je pourrais leur en suggérer une couple, moi.

Un petit devoir facultatif

Supposons que votre fille ou votre fils ait eu un enfant durant son adolescence. Imaginez maintenant que votre petit-enfant a aujourd'hui six ans.

Rappelez-vous votre réaction quand vous avez appris que votre fille adolescente était enceinte ou que la copine de votre fils allait avoir un enfant.

Prenez le temps de penser au chemin parcouru. Qu'avez-vous appris? Goûtez à la créativité et au courage que vous avez manifestés devant une nouvelle qui vous semblait alors lourde de conséquences et dérangeante pour vous.

Appréciez les liens nouveaux que vous avez créés avec votre fille et le père de son enfant, ou avec votre fils et la mère de son enfant.

XI

La consommation de drogue

Apprendre à gérer son stress

Dans la plupart des familles, il n'y a pas de drogue. Mais à l'école, dans la rue et au travail, il y en a sûrement. Certains adolescents seront tentés de recourir à cette solution de facilité devant le stress de la vie.

Cette situation invite le parent à s'interroger sur ses propres attitudes et comportements.

Comment gère-t-il son stress?

Est-il lui-même prisonnier de certaines habitudes (fumer, trop regarder la télévision, boire trop de café, etc.) qui nuisent à sa santé ou à sa qualité de vie avec sa famille?

Sait-il faire front commun avec son partenaire pour offrir de la protection à son adolescent?

Un adolescent de treize ans raconte

Depuis que je suis adolescent, j'ai beaucoup de décisions à prendre. Quand j'étais plus jeune, j'avais beaucoup moins de responsabilités. Mes parents décidaient pour moi de ce qui était bon et mauvais. Maintenant, j'aime que mes parents me laissent libre de faire ce que je veux. Mais j'aime aussi qu'ils continuent de me donner leur point de vue sur la vie même si, la plupart du temps, je les contredis.

En effet, je trouve leur opinion pas mal vieux jeu. Mes parents s'intéressent quand même à ce que j'ai à dire, surtout ma mère qui est plus
compréhensive. Mon père est plus critique, mais j'ai appris à lui tenir
tête. Il semble aimer cela. «Lâche pas, mon gars! qu'il me dit. Tu vas
faire ton chemin dans la vie avec la tête que tu as!»

Le travailleur de rue est venu à l'école jeudi dernier pour nous
parler de la drogue. Un travailleur de rue, c'est quelqu'un qui se
promène dans les rues pour avoir l'occasion de parler aux jeunes et
de les aider. Parfois, le nôtre vient directement à l'école. Il a compris
que c'est une bonne place pour rencontrer les jeunes. En fait, il ne
nous a pas tellement parlé de drogue. Il nous a plutôt invités à
exprimer nos idées sur ce sujet. Il nous a aussi demandé notre collaboration pour protéger les jeunes. Il paraît que les *pushers* sont rendus
dans les écoles primaires. Moi, si j'apprenais qu'un *pusher* avait
approché mon petit frère, je le dénoncerais au plus vite à la police. Au
secondaire, nous sommes assez vieux pour nous défendre mais, au
primaire, ce n'est pas le cas.

C'est étrange que le travailleur de rue ait abordé ce sujet précisément cette semaine. Il y a à peine un mois, mes parents, ma sœur et
moi, nous avons eu une conversation au sujet de la drogue. Je voyais
ça venir depuis un bout de temps. Ça me rappelait la fois où mon
père avait tenté de m'expliquer comment on fait les enfants. Il était
pas mal gêné quand il a vu que j'en savais autant que lui, sinon plus.
Les jeunes d'aujourd'hui, nous sommes pas mal plus évolués que nos
parents l'étaient dans leur temps.

La fois où mes parents nous ont parlé de la drogue, mon père
n'était pas gêné du tout, je dois l'admettre. Ma mère non plus
d'ailleurs, et ça, c'est plus surprenant. Elle ne donne pas facilement
son avis. Mais, cette fois-là, les deux s'étaient soigneusement préparés. C'était évidemment un sujet important pour eux. Je ne l'aurais
pas avoué, mais j'ai apprécié qu'ils nous parlent ensemble de la
drogue. Nous sommes assez vieux maintenant, ma sœur et moi, pour
avoir une conversation avec nos parents même si nous n'avons pas le
même point de vue. Mon père et ma mère font des efforts d'ailleurs
pour nous respecter dans nos valeurs.

Selon ma mère, la drogue, ça modifie l'esprit, parfois pour le
mieux, parfois pour le pire. Ça dépend du genre de *trip* qu'une personne fait. Ma mère dit aussi que la drogue doit d'abord modifier le
corps pour modifier l'esprit, et c'est ça qui est dangereux. Nous
avons du contrôle sur nos pensées et sur nos attitudes seulement s'il
n'y a rien dans notre corps qui nous empêche de le faire. Une personne peut apprendre à modifier son esprit par la relaxation, la médi-

tation et même par l'auto-hypnose. Je suis porté à la croire parce qu'elle s'est bien documentée. Papa, lui, a été plus bref. Il nous a avertis qu'il ne tolérera pas que l'on prenne de la drogue ni à la maison ni ailleurs. «Pensez-y même pas!»

Moi, je tiens à mon esprit. J'en aurai besoin pour devenir un ingénieur consciencieux. Me voyez-vous construire un pont et ne plus être capable de calculer la force des piliers parce que j'aurais endommagé mon esprit? Je ne dis pas que j'ai décidé de ne jamais essayer de prendre un peu de drogue. Mais ça m'a fait réfléchir, ce que mes parents m'ont dit. Je ne voudrais pas que mon petit frère prenne de la drogue. C'est une raison de plus pour ne pas en prendre. J'ai une autre raison encore meilleure que celle-là, c'est Karine. Je voudrais bien qu'elle se décide à sortir avec moi. Ça fait longtemps que nous sommes dans la même classe, Karine et moi, mais, l'été dernier, elle est soudainement devenue beaucoup plus belle et attirante qu'avant. Karine est tout à fait opposée à la drogue. Son père s'est suicidé par *overdose* de drogue quand elle avait trois ans. J'ai peu de chances de sortir avec elle si elle pense que je pourrais un jour consommer de la drogue.

Une mère de famille raconte

Robert et moi trouvons important de pouvoir discuter de divers sujets avec les enfants. Mais c'est plus facile pour moi que pour Robert, parce que moi, je sais écouter. Mes amies me l'ont d'ailleurs souvent dit. Robert, lui, est porté à tenir tête à quelqu'un dans une conversation. Au début de notre mariage, les différences dans nos styles de communication nous ont causé des problèmes. Nous avons dû y travailler et maintenant, ça va bien. Nous pouvons maintenant apprécier la contribution de chacun dans l'éducation de nos enfants.

Je parle de communication alors que j'allais parler de drogue chez les adolescents mais, finalement, les deux sujets sont reliés. Ça faisait longtemps que je me disais qu'il faudrait en parler avec les enfants. Je me disais que le début du secondaire serait le moment approprié pour leur en expliquer les dangers. Mais notre aîné, Rémi, m'a devancée. Un soir, à table, il nous a demandé à quel âge un jeune pouvait commencer à prendre de la drogue. Comme si, à treize ans, il avait décidé qu'il ferait «comme tout le monde» et qu'il consommerait. Ce n'était qu'une question de temps! Mon mari a tout de suite répliqué que les drogués, c'était des déséquilibrés et des lâches qui ne savaient pas faire face à la vie et que les *pushers* méritaient la peine de mort. Moi, j'ai commencé à lui expliquer que les adolescents qui prenaient de la drogue devaient être compris et aidés. Selon mon mari, à force de comprendre tout le monde, je laissais tout passer. Mais moi, j'étais persuadée qu'avec ses préjugés il éloignait tout le monde qui voulait lui parler. Nous avons commencé à nous chicaner à table en oubliant que notre fils nous avait posé une question. Les enfants nous regardaient comme si nous étions fous.

Ce premier échange sur la drogue ne fut pas un succès. Je savais qu'il faudrait en reparler un jour, surtout que le petit, qui était de moins en moins petit, d'ailleurs, avait déjà abordé le sujet. Je voulais lui donner une opinion éclairée sur la drogue. Mais je me suis rendu compte que je n'avais pas d'opinion ferme sur ce sujet. J'étais confuse. D'un côté, je comprenais les adolescents qui ont le goût et le besoin d'expérimenter toutes sortes de choses. De l'autre côté, j'avais terriblement peur de la drogue et de l'alcool. Je connais des gens qui ont gâché leur vie pour avoir abusé de ces substances.

Il fallait donc que je forme mon opinion, sinon j'enverrais à Rémi des messages contradictoires, comme: «La drogue, c'est dangereux, et je ne pense pas que tu devrais en prendre. Mais je pense que tu vas nécessairement en prendre, comme tous les adolescents. Et alors, tu pourras nous demander de l'aide pour te sortir de ce problème. Nous serons là pour toi comme toujours, tu peux compter sur notre compréhension et notre amour.» C'est comme si je lui avais dit: «Ne consomme pas de drogue. Mais viens nous voir quand tu le feras.» Comme si je m'attendais à ce qu'il fasse fi de mon avis.

Si je m'attends à ce qu'il ne m'écoute pas, pourquoi lui parler? J'ai donc décidé de me former une opinion qui vaudrait la peine d'être entendue. Je suis d'abord allée au CLSC chercher des dépliants sur la drogue: les signes de consommation, les effets, la prévention, etc. Plus je lisais, plus j'étais convaincue que la consommation de drogue est réellement un danger pour les adolescents. Ce n'était pas suffisant de comprendre l'adolescent. Je devais prendre position comme mère de famille.

Mes recherches m'ont aidée à comprendre pourquoi les adolescents font l'expérience de la drogue. D'abord, plusieurs d'entre eux vivent des moments de dépression assez sérieux. Les problèmes dans la famille, la poussée soudaine de croissance, le manque de soutien du milieu, tout cela exerce une pression considérable sur les adolescents. Ils traversent aussi des phases d'anxiété: ils sont facilement confus, ils ont peur des changements qu'ils vivent. Ils croient que la drogue va les aider à se détendre. Ensuite, les jeunes aiment les sensations fortes: ils espèrent en trouver par la consommation. Certains, désireux de plaire à leurs amis, cèdent à la pression du groupe.

D'autres croient que les malheurs et les accidents, c'est pour les autres. Il existe sans doute d'autres raisons pour lesquelles les adolescents consomment, mais c'est celles-là que j'ai retenues.

Je comprenais donc mieux le phénomène de la drogue vécu par les adolescents. Je découvrais surtout pourquoi la drogue est dangereuse pour de vrai. Le lien entre la drogue et la délinquance, le décrochage scolaire et même la prostitution est prouvé. Et dire que cela peut arriver à nos enfants. J'avais peur et j'étais enragée contre les *pushers* qui abusent des jeunes.

Mon mari et moi en avons discuté à plusieurs reprises. Nous savions que nous devions faire front commun. Nous avons réfléchi sur nos propres difficultés à nous défaire de certaines mauvaises habitudes. Pour Robert, c'était la consommation excessive de café. Or, au travail, son bureau était situé à côté de la salle à café. Il y avait là une distributrice qui lui en offrait à cœur de jour. Il disait oui à cœur de jour! Moi, j'étais une consommatrice de romans-fleuves américains. J'en suivais quatre de front. Je m'organisais toujours pour ne pas avoir à sortir ou à être dérangée pendant que ces émissions étaient en ondes. Je les enregistrais si je devais absolument sortir. J'avais honte de perdre ainsi mon temps, mais je n'arrivais pas à me libérer de cette habitude.

Robert et moi avons décidé de nous guérir de nos «dépendances». Nous avions l'impression que ça nous rendrait plus solides pour prendre position au sujet de la drogue. Nous en avons parlé aux enfants et nous leur avons dit que nous serions intéressés à recevoir leurs encouragements et leurs impressions sur nos efforts. Ils ne se sont pas gênés. Les semaines suivantes, ils nous ont surveillés de près. Enfin ils avaient l'occasion de prendre leurs parents au piège. Ils recommandaient à Robert de ne pas garder de monnaie sur lui à cause de la distributrice et de présenter un rapport quotidien sur sa consommation de café. Quant à moi, si j'avais le malheur de manquer à ma résolution, les enfants mettaient la hache dans mes excuses: «Tu dis que tu ne perds pas ton temps parce que tu fais le repassage en regardant tes émissions? Ce sont des excuses pour continuer de suivre les histoires de tes personnages préférés.» Ils affichaient beaucoup de mépris pour mes faiblesses. Je n'aimais pas trop cela. Je leur ai rappelé que j'avais aussi besoin d'encouragement et de félicitations pour mes succès. Ils ont amélioré leur pédagogie.

Robert et moi parlions ouvertement aux enfants de nos efforts. Par exemple, nous leur avons avoué avoir envie de mentir: Robert en faussant le nombre de tasses de café consommées, et moi en disant

avoir regardé seulement trente minutes de ces émissions alors que
j'avais passé deux heures devant l'appareil.

Un jour, Robert et moi, nous nous sommes sentis prêts à
amorcer la fameuse conversation au sujet de la drogue. Nous avions
décidé d'aborder le sujet en parlant des valeurs que nous souhaitions
que les enfants développent à l'adolescence: l'autonomie, la liberté, la
responsabilité, le succès. Robert s'était promis de ne pas tenir de
grands discours sur la peine de mort pour les *pushers*. Moi, j'avais
décidé de donner une opinion claire même si cela me demandait un
effort considérable. Selon nous, l'autonomie, la liberté, la responsabilité, le succès ne nous semblaient pas conciliables avec la consommation de drogue. Perdre sa capacité de penser, donner son argent en
échange d'un produit dangereux pour la santé, céder à la pression
des autres, ça n'allait pas avec ces valeurs. Rémi objectait qu'un peu
de drogue, ce n'est pas dangereux; que jamais il n'achèterait un produit s'il ne connaissait pas bien son fournisseur; qu'il ne ferait pas de
choses imprudentes. Je lui ai alors rappelé combien il était sévère
pour moi quand je donnais des excuses au sujet de mes émissions de
télévision.

Robert a parlé un peu moins que moi. Mais, à la fin de notre
conversation, il a dit aux enfants une chose surprenante: «Com-
prenez-moi bien. Tant que vous vivrez sous ce toit, vous ne consommerez pas de drogue. Et quand vous ne vivrez plus sous ce toit, vous
ne consommerez pas de drogue.» Les enfants ont éclaté de rire, mais
je pense qu'ils ont compris que leurs parents prenaient au sérieux la
tâche de les guider et de les protéger durant leur adolescence.

J'ai décidé aussi de donner aux enfants l'occasion d'apprendre
la relaxation. J'étais moi-même intéressée à apprendre à mieux me
détendre. J'ai commandé des cours préparés par la télévision éduca-
tive sur la relaxation, la méditation, le yoga, le tai-chi. Un de mes
frères est infirmier, il nous a fait connaître un psychologue qui pratique l'hypnose clinique. Nous avons engagé cet homme pour venir
nous enseigner l'auto-hypnose. Il disait que c'était une première
pour lui. Il trouvait excellente l'idée d'aider les membres d'une
famille à se détendre et ainsi à diminuer le stress inévitable de la vie
commune.

J'ai compris, au cours de cette réflexion sur le problème de la
drogue, que les adolescents ont besoin que les parents se situent par
rapport aux grandes questions. Les jeunes ne seront pas nécessairement d'accord avec les positions prises par les adultes. Mais cela
importe peu, dans le fond. Il faut leur donner un point de départ

pour former *leur* opinion à eux. Je ne sais pas ce que nos enfants vont faire par rapport à la drogue. Je souhaite de tout cœur qu'ils ne tombent pas dans ce piège. Mais ce sont eux qui devront prendre leurs décisions. Ce dont les enfants peuvent être certains, c'est que Robert et moi allons continuer à leur donner notre opinion sur cette question et sur bien d'autres choses encore.

Pour ceux et celles qui veulent réfléchir davantage

La drogue n'est pas un monstre indépendant de nous. La consommation de drogue est une solution de facilité qui donne l'illusion d'amenuiser le stress de la vie. Hélas, cette solution de facilité est dangereuse et même parfois mortelle. Les habiletés suivantes sont nécessaires pour adopter des solutions qui ouvrent à une vie plus humaine.

Pour l'adolescent, l'adolescente

Avoir une bonne estime de soi.

Savoir marquer ses frontières, ne pas laisser les autres empiéter sur son territoire.

Savoir entretenir des liens d'amitié.

Avoir de saines habitudes de vie par rapport à l'alimentation, à l'exercice physique, à la santé.

Contrôler la consommation de substances nocives.

Connaître les lois (comme celles qui régissent la consommation de drogue) et y obéir.

Savoir se représenter mentalement une situation, l'avenir, l'effet de son comportement ou de ses décisions.

Savoir s'affirmer devant les autres.

Pour le parent

Savoir protéger l'adolescent, le confronter, lui imposer des restric-
        tions.
Savoir utiliser les ressources d'entraide de sa communauté.
Contrôler sa consommation de substances nocives.
Savoir gérer son stress.
Connaître les techniques de relaxation.
Développer sa propre façon de penser, d'évaluer une situation.
Être au courant des problèmes sociaux et savoir prendre position par
        rapport à ces problèmes.

Pensez-vous que
la sainte famille
possédait toutes
ces habiletés?

Un petit devoir facultatif

La vie ordinaire comporte du stress. La vie de parents d'adolescents peut en comporter énormément.

Imaginez que vous avez acquis diverses manières de bien gérer votre stress. Comment faites-vous? Voyez la facilité avec laquelle vous savez vous détendre dans un moment de stress et combien cette détente vous donne l'énergie et la solidité nécessaires pour faire face aux situations de stress inévitables dans une famille. Félicitez-vous d'avoir le courage de continuer à apprendre à vous détendre, à créer votre paix intérieure.

XII

La violence

Apprendre à respecter le territoire de chacun

Devenir un adulte équilibré exige que l'on apprenne à vivre avec les autres tout en les respectant. Cette tâche ne finit pas à l'adolescence. On a toujours du progrès à faire. Le parent, naturellement, se posera certaines questions par rapport à la violence.

Comment se traite-t-il lui-même?

Sait-il assez bien maîtriser ses impulsions et être poli?

Sait-il respecter le territoire de ses enfants: leur chambre à coucher, leurs lettres personnelles, leurs «affaires», leurs secrets?

Une adolescente de seize ans raconte

Il y a deux semaines, ma mère m'a offert un cadeau bien spécial. Ce n'était pourtant pas mon anniversaire, ni Noël, ni une occasion spéciale. Maman était un peu gênée de m'offrir ce cadeau. Elle craignait que je le refuse. Au contraire, j'étais tellement surprise et contente que je me suis mise à pleurer. Elle aussi, d'ailleurs, parce qu'elle pensait que j'étais triste ou fâchée contre elle, mais elle a vite compris qu'il ne s'agissait pas de cela. Nous nous sommes mises à parler de choses qui se sont passées durant mon enfance. Cela m'a fait du bien. À maman aussi, parce qu'un peu plus tard elle chantait en préparant le souper. Maman chante faux et elle le sait, donc elle se retient de chanter. Quand elle chante, c'est qu'elle ne se retient pas... et qu'elle se fout de la réaction de son «auditoire»!

Le cadeau que maman m'a offert, c'est une poupée Barbie. Maman n'a jamais voulu que j'aie une poupée Barbie quand j'étais petite parce que, selon elle, ce genre de poupée donne l'exemple d'une femme trop maigre, préoccupée seulement de ses cheveux et de ses vêtements, et qui ne parle pas. (Comme si les autres poupées s'exprimaient davantage!) Mais quand j'étais petite, je rêvais d'avoir une poupée comme celle-là. Pour moi, la poupée Barbie, c'était une princesse que tout le monde aimait et qui avait beaucoup d'amis partout dans le monde. C'est pour cela qu'elle devait posséder tant de vêtements: pour pouvoir aller dans tous les pays lointains. Chaque Noël, et à chacun de mes anniversaires, je demandais une Barbie et, à chaque fois, maman m'expliquait que ce n'était pas une poupée convenable pour moi. Elle m'offrait un jouet plus éducatif. Maman ne se rendait pas compte combien cette poupée était importante pour moi.

Si maman m'a enfin offert cette Barbie, c'est pour me montrer qu'elle se rend compte maintenant qu'elle ne me comprenait pas quand j'étais petite. J'ai passé l'âge de recevoir une poupée en cadeau, je n'ai plus *besoin* d'une Barbie, mais quand une Barbie arrive accompagnée d'une mère, on ne dit pas non. J'ai mis ma poupée sur la commode dans ma chambre où je peux bien la voir. Et ma mère est dans la cuisine où je peux bien la voir si je le veux.

Maman est en train de préparer un exposé sur la violence. C'est Richard, le policier éducateur de mon école, qui lui a demandé de le faire dans le cadre de la semaine de sensibilisation à la violence. Maman a accepté parce qu'elle a beaucoup réfléchi à ce sujet depuis que j'ai moi-même subi de la violence il y a deux ans et que notre famille a dû recevoir de l'aide. La violence que j'ai subie n'avait pas l'air violente. Je n'aurais pas dit que mon groupe d'amis me faisait violence. J'aurais dit que mes amis étaient mes amis et que, pour être avec eux, il fallait que je fasse comme eux. J'aurais plutôt parlé de loyauté envers mes amis. Le psychiatre que mes parents ont consulté parlait, lui, de pression sociale qui était tellement forte qu'elle me faisait violence.

J'avais énormément besoin d'amis, je n'en avais pas à la maison. Ma mère était préoccupée de bien m'éduquer, elle faisait tout comme il faut, mais elle ne s'amusait pas avec moi. Et elle ne me parlait pas facilement non plus. J'étais sûre que je n'étais pas intéressante pour elle. Mon père, lui, ne disait jamais un mot plus haut que l'autre. Pas question de l'avoir comme ami. Mon frère Yannick a eu des problèmes avec un petit handicap. Il est né avec un bec-de-lièvre et après que mes parents l'ont adopté, il a dû subir des chirurgies. On aurait dit que les chirurgies l'avaient fait rentrer en lui-même. Yannick était tranquille, sage, il faisait tout pour faire plaisir à mes parents. Je ne pouvais pas être amie avec lui, il aurait tout rapporté à ma mère.

À l'école, il y a deux ans, j'ai été «choisie» par un garçon qui s'appelait Jason. Jason est très beau, toutes les filles auraient voulu sortir avec lui. Il ne voulait pas sortir avec moi, mais il m'avait choisie pour être son amie dans ses projets. Jason avait toutes sortes de projets intéressants. Par exemple, il faisait de la recherche pour un commerçant d'automobiles. Il menait des enquêtes discrètes pour connaître le genre de voiture que les parents de certains étudiants possédaient. Le commerçant voulait savoir quelles voitures se vendaient bien. J'ai aidé Jason dans son enquête. Il s'agissait, sans en avoir l'air, de faire parler des étudiants sur les habitudes de vie de leurs parents afin de déterminer leur type de consommation. Je lui rapportais les résultats de mes recherches. Jason appréciait beaucoup mon aide.

N'importe qui dirait que j'étais incroyablement naïve de ne pas me rendre compte que Jason cherchait à savoir quand les parents n'étaient pas à la maison. Il pouvait ensuite rapporter cela à son «commerçant», chef d'un gang de cambrioleurs. Je me suis seulement rendu compte qu'il se passait quelque chose de louche quand j'ai lu dans le journal des histoires de cambriolage qui avaient eu lieu dans mon quartier. Comme par hasard, les cambriolages étaient arrivés aux parents de certains étudiants que j'avais «interviewés» pour mon enquête sur leurs habitudes de consommation. J'avais tellement confiance en Jason que je lui ai parlé de cette «coïncidence». Sa réaction m'a fait comprendre qu'il ne s'agissait pas d'une coïncidence. Je me suis sentie trahie et utilisée. Moi qui pensais que Jason m'aimait comme amie! Mais j'étais aussi coincée parce que Jason m'avait avertie que, si jamais son «commerçant» était découvert, je serais considérée comme complice dans l'affaire. J'étais prisonnière et terrifiée. Je pensais à ce que mes parents diraient s'ils apprenaient cela. J'avais envie de mourir.

Ça m'a demandé énormément de courage, mais je suis allée parler en cachette à Richard, le policier éducateur de notre école. Richard ne m'a pas blâmée. Au contraire, il m'a écoutée. J'ai même été surprise d'apprendre qu'il était au courant des activités illégales de Jason. Jason était l'objet d'une surveillance discrète depuis un bout de temps. Richard m'a aussi dit que lui et moi devions aller parler ensemble de toute cette affaire à mes parents, même si je craignais leur réaction. Ils devaient être informés de cette situation pour qu'ils puissent me protéger. J'ai réfléchi pendant quelques jours. J'ai finalement décidé d'accepter son offre. C'est la chose la plus difficile que j'aie faite de ma vie.

J'ai été surprise de la réaction de mes parents, surtout de celle de ma mère. Maman était indignée de ce que Jason m'avait fait faire. Tout comme Richard, elle pensait que Jason avait exercé une telle pression sur moi qu'on pouvait parler de violence. Mais elle n'était pas fâchée contre moi. Elle était fâchée *pour* moi. Elle voulait se battre *pour* moi. Je sentais qu'elle aurait fait n'importe quoi pour m'aider à me soustraire à l'influence d'«amis» comme Jason. Mon père aussi, mais pour une raison ou une autre, j'étais particulièrement contente que ma mère veuille se battre pour moi.

Mes parents ont accepté la suggestion faite par Richard de consulter en famille un psychothérapeute pour nous aider dans notre communication. Lors d'une rencontre avec cet intervenant, j'ai avoué à ma mère que j'avais été souvent fâchée avec elle parce qu'elle ne se rendait pas compte que d'avoir une poupée Barbie était important pour moi. Parfois dans mon enfance, j'étais tellement fâchée contre mes parents que j'avais le goût de faire mal à des enfants plus jeunes que moi. Une fois, lorsque j'étais à l'école primaire, j'avais entraîné mes amis à faire des menaces et des mauvais coups à des enfants plus jeunes. C'était une forme de violence, je m'en rends compte aujourd'hui. Comme dit Richard, on peut être violent autrement qu'en criant, en brandissant des armes ou en frappant quelqu'un.

Jason ne vient plus à notre école. J'ai entendu dire que le juge le lui avait interdit. Il paraît aussi que Jason s'est fait arrêter pour avoir vendu de la drogue et pour avoir participé à un vol chez un dépanneur. Je n'ai plus peur de Jason. Mes parents m'aideraient à me défendre contre lui si jamais il me faisait des menaces. Mais j'ai peur de la violence. Toute forme de violence est dangereuse. Je participe à la semaine de sensibilisation à la violence justement pour essayer de contribuer à l'enrayer à tout jamais de mon école. Ce n'est peut-être pas possible, mais Richard dit qu'y travailler, c'est ce qui compte. J'aime beaucoup Richard et je songe à devenir policier éducateur moi aussi pour lutter contre la violence. Aider les jeunes, c'est un beau métier.

Une mère de famille raconte

Ces jours-ci, je prépare un exposé sur la violence chez les jeunes. J'ai été surprise que le policier éducateur de l'école secondaire me demande de participer de cette manière à la semaine de sensibilisation à la violence. En effet, je suis secrétaire-comptable chez un concessionnaire automobile. Ce n'est pourtant pas un métier de relation d'aide. Mais si le policier éducateur m'a demandé mon aide, c'est à cause de ce qui est arrivé il y a deux ans à Nadine, ma fille qui a maintenant seize ans.

Quand on adopte un enfant, on doit accepter de prendre ce qui nous est offert. On prend un risque quand on accueille chez soi un petit être dont on ne connaît pas bien les antécédents. Pourtant, c'est la même chose quand on a un enfant «naturel», c'est-à-dire un enfant qu'on a soi-même conçu et mis au monde. Je parle en connaissance de cause, j'ai un enfant adopté et un enfant dit naturel. Yannick a maintenant dix-neuf ans. Nous avons eu la chance de pouvoir l'adopter très jeune, à l'âge de quatre semaines. C'est qu'il est né avec ce qu'on appelle un «bec-de-lièvre» et, à ce qu'on m'a dit, plusieurs personnes qui avaient fait une demande d'adoption ne voulaient pas d'un enfant handicapé. Il faut croire que mon mari et moi avons été mis en tête de liste. Ces parents n'étaient pas au courant des progrès de la médecine. La plupart des becs-de-lièvre se corrigent assez bien aujourd'hui. À voir Yannick, vous ne soupçonneriez même pas qu'il est né avec cette malformation. Je suis tout de suite tombée amoureuse de lui. Je n'aurais pas pensé pouvoir éprouver tant d'amour envers un petit être qui avait un nez et une bouche un peu déformés. Je l'ai tout de suite aimé sans réserve.

Deux ans après l'adoption de Yannick, je suis tombée enceinte de Nadine. Cela fut toute une surprise. D'un côté, j'étais enchantée parce que j'avais tant souhaité avoir un enfant «naturel». De l'autre, j'étais moins contente. L'adoption de Yannick et surtout les chirurgies qu'il avait dû subir avaient créé de la tension entre mon mari et moi. Ça n'allait pas bien du tout entre nous. Même que nous avons conçu Nadine un soir où nous avons tenté de nous réconcilier après de longues semaines de tension, de bouderies de la part de mon mari et de déprime de la mienne. La réconciliation n'a pas duré, mais la grossesse, elle, s'est poursuivie, évidemment. Quand Nadine est née, je n'arrivais pas à éprouver la même joie et la même fierté qu'à l'arrivée de Yannick. Je ne la trouvais même pas jolie, elle qui était parfaitement formée et que tout le monde trouvait mignonne.

Cette difficulté à m'attacher pour de vrai à Nadine a duré des années. Je ne dis pas que je ne l'aimais pas, ce n'est pas ça. C'est simplement que je n'arrivais pas à la trouver intéressante. Je faisais de mon mieux pour que cela ne paraisse pas, et je n'ai jamais été injuste envers ma fille. Mais je n'arrivais pas à la *choisir*. Ma grande amie, à qui je pouvais confier n'importe quoi, m'a dit un jour: «Tu sais, Micheline, les parents doivent adopter tous leurs enfants. Tu as bien réussi cela avec Yannick, mais on dirait que tu n'arrives pas à adopter Nadine.» Mon amie m'a même suggéré d'aller chercher de l'aide psychologique pour faire face à mon «blocage» d'amour, mais je n'ai pas suivi son conseil. J'avais trop peur qu'on me blâme d'avoir ces sentiments dénaturés.

Nadine s'est quand même bien développée. C'était une enfant renfermée sur elle-même, mais elle ne se plaignait jamais de quoi que ce soit. Ce n'était pas une enfant exigeante. Elle semblait heureuse dans son petit monde. Vous imaginez ma surprise quand son professeur de quatrième année au primaire a demandé à me rencontrer pour m'annoncer que Nadine était un «leader négatif» et que son comportement était devenu problématique. Je ne savais même pas ce que «leader négatif» voulait dire! On me l'a expliqué: Nadine était reconnue comme un chef naturel et elle profitait de ce «talent» pour entraîner plusieurs de ses compagnons et compagnes de classe à faire du tort à d'autres enfants. Par exemple, le groupe de Nadine entourait un enfant plus jeune dans la cour de récréation, exigeait qu'il lui donne son goûter et le menaçait de représailles s'il en parlait à ses parents ou aux autorités. Ce genre de comportement, que le professeur trouvait violent, durait depuis plusieurs semaines.

J'ai trouvé le terme «violent» un peu fort pour décrire le comportement d'une enfant de dix ans. J'avais la violence en horreur. Je n'avais jamais toléré que les enfants aient des jouets violents, des imitations d'armes à feu, par exemple. Je leur interdisais de regarder les émissions de télévision que je trouvais violentes. Jamais mon mari et moi n'élevions la voix durant un conflit. Nous n'avions jamais frappé les enfants. Je n'admettais pas que le comportement de ma fille soit étiqueté comme violent. Nadine ne venait pas d'un milieu violent.

Pour une raison ou une autre, Nadine a cessé ces mauvais comportements. Cela s'est bien passé pendant quatre ans. Mais un jour, un policier nous a téléphoné de l'école secondaire. Avant qu'il puisse parler, j'ai eu le temps de m'imaginer qu'il m'annonçait que Nadine était morte ou grièvement blessée. J'ai vécu une terreur telle que j'ai presque été soulagée quand il a dit vouloir nous rencontrer, mon mari et moi, en présence de Nadine pour parler d'une situation de violence. Nous avons tout de suite fixé la rencontre pour le lendemain. J'étais inquiète: ma fille semblait être en danger.

Nous avons appris la vérité. Nadine avait été entraînée dans un *gang* de jeunes malfaisants, et le chef lui faisait des menaces. Nadine s'était rendu compte que le groupe faisait des choses illégales et Jason, le chef du groupe, lui avait dit qu'elle serait accusée de complicité par les policiers si elle le dénonçait. La petite a vécu une semaine d'enfer avant de se décider à en parler au policier éducateur. Mon mari et moi étions en désarroi. C'est pourquoi nous avons tout de suite accepté la suggestion de Richard (le policier) de consulter, en famille, un psychothérapeute.

J'ai alors arrêté de croire qu'il n'y avait pas de violence dans ma famille. Mon mari, qui ne disait jamais un mot plus haut que l'autre, s'est fait dire par le psychothérapeute que les bouderies, le silence et le retrait émotif qu'il utilisait pour nous manifester son mécontentement étaient violents. Moi, je me suis fait dire que mon refus d'aller chercher de l'aide pour faire face à mes sentiments négatifs envers Nadine l'était aussi. J'avais choisi de laisser Nadine se démêler avec une mère qui ne l'acceptait qu'à moitié plutôt que d'avouer que j'avais besoin d'aide. Même Yannick, qui ne nous avait jamais donné un moment d'inquiétude, s'est fait expliquer qu'il était violent contre lui-même. Il se forçait tellement pour être un bon garçon et pour plaire à ses parents-qui-avaient-été-si-bons-d'adopter-un-bébé-handicapé qu'il étouffait sa spontanéité et sa créativité. Le psychothérapeute l'a assuré qu'il n'avait pas à nous remettre ce que nous avions fait pour lui. Quant à Nadine, qui était la seule à avoir été «officiellement» violente, elle s'est fait dire qu'elle n'était pas violente, mais qu'elle courait le risque de le devenir si elle n'apprenait pas à dire non quand on lui proposait quelque chose qui n'était pas convenable pour elle!

Je n'entrerai pas dans les détails de nos sessions de thérapie. Je dirai seulement que cela va mieux maintenant dans notre famille. J'ai l'impression que je sais mieux apprécier Nadine pour ses qualités. Je l'aime plus facilement. Je *vois* Nadine aujourd'hui telle qu'elle est: une adolescente qui vit sa vie d'adolescente, puis qui a encore besoin de ma protection et de mes permissions. Elle n'est plus l'enfant conçue «accidentellement», qui est venue augmenter la tension déjà existante dans notre famille avant son arrivée. Elle est Nadine, et je l'adopte de mieux en mieux.

Je ne parlerai pas de tout ceci durant mon exposé, qui s'intitulera «Rendez-vous compte!» Ce sont des choses trop personnelles. Je vais plutôt parler des mots violence et violer, qui ont la même racine linguistique. Violer, c'est empiéter sur l'espace de quelqu'un d'autre. Une personne est violente quand elle agit de façon à pénétrer dans le territoire de l'autre pour lui faire du tort, que ce territoire soit physique ou mental. La violence peut être brutale, par exemple quand on frappe quelqu'un ou qu'on le tue, qu'on brise ses choses ou encore qu'on le prive de ses biens par le vol. Mais la violence peut aussi avoir une allure banale, presque douce même, par exemple lorsqu'on menace quelqu'un, qu'on le pousse à faire quelque chose qui n'est pas convenable pour lui ou qu'on dit du mal de lui. C'est aussi le cas quand on tient une personne à distance par la bouderie ou le retrait émotif, qu'on ne voit pas à corriger certaines attitudes (comme moi, je l'ai fait en ne m'occupant pas de mon problème avec Nadine). Je vais enfin terminer mon exposé en expliquant qu'une personne peut être violente envers elle-même aussi. Il faut se méfier de cette forme de violence parce qu'une personne qui est violente envers elle-même est tentée de l'être aussi envers les autres.

En réfléchissant sur la violence envers soi et envers les autres, j'ai dû faire un examen de conscience sur ma propre violence. J'ai trouvé un cas où j'étais à la fois violente contre moi et contre les autres. Je fume la cigarette et, depuis qu'il est interdit de fumer dans les endroits publics, je fumais dans les salles de toilette. J'étais violente envers moi-même en fumant. Un jour, je me déciderai à faire ce qu'il faut pour cesser de fumer. Mais j'étais aussi violente envers les femmes qui utilisaient les salles de toilette après moi. La fumée que j'y laissais envahissait leur territoire personnel, *je m'en rends compte* aujourd'hui. Je ne le ferai plus jamais.

Pour ceux et celles qui veulent réfléchir davantage

Respecter le territoire des autres et exiger que les autres respectent le sien demande plusieurs habiletés.

Pour l'adolescent, l'adolescente

Savoir se protéger. Connaître les ressources en cas de danger: numéros de téléphone, noms de personnes ou d'organismes communautaires, etc.

Connaître l'autodéfense, se tenir en bonne forme physique, savoir repérer les personnes, circonstances et endroits dangereux; savoir prendre des précautions.

Savoir protéger l'autre; pouvoir crier, appeler au secours, confronter, interdire.

S'alimenter et se vêtir convenablement.

Savoir toucher une autre personne avec respect et affection.

Être capable de se laisser toucher.

Être capable de faire suffisamment confiance aux autres pour pouvoir vivre à leur côté.

Savoir retarder sa satisfaction et bien diriger ses impulsions, surtout en ce qui concerne la colère et la violence.

Savoir deviner les besoins des autres, les prévenir.

Savoir gérer son stress.

Parler en bien des autres.

Savoir demander pardon quand on brime les droits des autres.

Exiger des autres le respect de ses droits.

Pour le parent

Toutes les habiletés énumérées pour l'adolescent!

Cette fois-ci, je ne lis pas la liste des habiletés. Un point, c'est tout!

Un petit devoir facultatif

La violence, quelle que soit sa forme, est toujours grossière. Les adolescents pourraient facilement devenir violents sous une forme ou sous une autre, car ils sont spontanés, pour ne pas dire impulsifs, et ils aiment les sensations fortes. Il n'ont pas fini d'acquérir les habiletés nécessaires pour exprimer leur désaccord et leur colère de façon convenable. Apprendre aux adolescents le respect des autres, la délicatesse, la politesse, exige du parent courage, créativité et persévérance.

Rappelez-vous comment vous vous y êtes pris pour encourager vos enfants à devenir respectueux envers les autres. Félicitez-vous d'avoir tenu bon, d'avoir insisté pour que l'adolescent vous parle sur un ton respectueux, de n'avoir pas toléré les injures ou les paroles grossières. Vous avez ainsi aidé votre adolescent à prendre sa place dans l'univers sans brimer les autres.

Rappelez-vous aussi comment votre adolescent, à sa façon, vous a aidé à devenir plus respectueux des autres et de vous-même. Félicitez-vous d'avoir eu le courage d'entendre les «leçons» qu'il vous faisait.

XIII

L'anorexie

Apprendre à se nourrir émotivement

L'anorexie est un problème qui touche particulièrement les filles. En effet, 90 % des anorexiques sont de sexe féminin. L'incidence de cette maladie est à la hausse et le taux de mortalité est très élevé.

L'anorexie est un problème de santé très sérieux qui concerne non seulement la personne qui en porte les symptômes, mais aussi tous les autres membres de la famille, qu'ils l'admettent ou pas. Les questions soulevées dans le traitement de l'anorexie sont reliées à la place que chacun occupe dans la famille et au partage des responsabilités.

Cette situation invite le parent à s'interroger sur ses propres attitudes et comportements.

Soutient-il son partenaire dans son rôle de parent?

Sait-il donner et recevoir de l'affection physique et émotionnelle?

Sait-il aborder ouvertement les problèmes de la famille en exigeant que chacun (parents et enfants) prenne ses responsabilités?

Une adolescente de dix-huit ans raconte

L'autre jour, la travailleuse sociale de l'école m'a demandé de lui rendre un service. Elle voulait que je vienne parler à des jeunes de 2e secondaire d'un problème que j'ai eu à quatorze ans. Je connais bien cette travailleuse sociale: c'est la première personne qui a fait voir à mes parents que je n'avais pas à porter seule ce problème. J'ai accepté; si je peux aider des jeunes, je veux bien, mais j'étais très gênée de le faire.

J'ai mis des heures à préparer ma présentation. Je voulais tellement bien faire les choses. Je suis allée au bureau de Guylaine (c'est le nom de la travailleuse sociale) pour lui montrer mes préparatifs. Guylaine m'a félicitée pour mes efforts, puis elle m'a dit: «Tu sais, je ne te demande pas de préparer un discours. J'aimerais tout simplement que tu *parles* aux jeunes de ton expérience d'avoir fait de l'anorexie mentale. Ta préparation pour parler de ça est en dedans de toi; elle est dans le cheminement que tu as fait pour t'aider et aider ta famille. Pourquoi ne demanderais-tu pas aux jeunes de te poser des questions? Tu as beaucoup de choses à dire: tu trouverais les réponses sur place.»

C'est ce que j'ai fait et cela s'est très bien passé. Guylaine avait rassemblé un groupe de filles pour parler d'alimentation. Elle savait que ces jeunes commençaient à faire de l'anorexie même si elles ne l'auraient pas admis. Comme je connais cette maladie, je sais reconnaître les symptômes. Une des jeunes voulait savoir comment je faisais pour rester mince. C'est facile, on est tous plutôt minces dans notre famille, c'est une question d'hérédité. Une autre a dit que son médecin de famille pensait qu'elle faisait de l'anorexie parce qu'elle avait perdu l'appétit. Sa mère, elle, était convaincue que c'était juste une passe, que ce problème se réglerait à la longue. Elle se demandait si je savais quand j'avais faim ou non. Une autre m'a demandé si j'avais un *chum* et s'il s'objecterait à ce que je gagne quelques kilos. Je leur ai dit que j'avais un nouveau *chum* depuis cinq semaines et que, depuis que je suis amoureuse, je ne pense plus du tout à la nourriture. C'est-à-dire que j'y pense juste assez pour prendre de bons repas.

J'aurais pu leur en dire bien davantage, mais nous avons manqué de temps. L'anorexie, c'est une drôle de maladie. Le médecin qui a traité ma famille pour mon anorexie disait d'ailleurs que, d'un côté, c'est une maladie qui endommage notre corps, assez pour faire mourir parfois. Mais, d'un autre côté, ce n'est pas une maladie. Selon lui, c'est quelque chose d'ingénieux que j'avais inventé pour aider mes parents à se rendre compte que quelque chose n'allait pas bien dans notre famille. C'est comme si *moi*, j'avais su sans le savoir que quelque chose n'allait pas bien. Je ne pouvais pas le dire en mots, alors je le disais avec mon corps. C'est compliqué à comprendre tout ça, mais la vie n'est pas simple, comme je l'ai constaté quand j'ai eu treize ans.

Avant l'âge de treize ans, je n'avais pas eu de problèmes sérieux. Mes parents avaient divorcé quand j'avais dix ans, mais ça ne m'avait pas trop dérangée parce que leur séparation avait mis fin aux chicanes. Je voyais cependant que ma mère était dérangée. Je ne voulais pas alourdir ses problèmes, alors je suis devenue une enfant tranquille. Je réussissais bien à l'école et je me tenais avec de bons amis. Quand j'ai commencé mon secondaire, les problèmes ont débuté. J'avais beaucoup grandi et grossi dans les derniers mois. Je ne me reconnaissais plus, je trouvais mes seins trop gros, j'avais peur que les garçons me trouvent laide. Je ne me rendais pas compte de tout ça aussi clairement que j'en parle aujourd'hui, mais j'avais des problèmes, ça, c'est certain. J'en ai perdu l'appétit.

Puis, j'ai commencé à ne plus avoir faim du tout, même quand ça faisait plusieurs heures que j'avais mangé. Au souper, je mangeais ma soupe, et c'était tout: j'étais tout à fait incapable de manger autre chose. Ma mère me poussait à manger davantage. Elle s'est même mise à préparer mon *lunch* pour l'école, ce qu'elle n'avait pas fait depuis trois ans. Je l'apportais à l'école pour avoir la paix, mais je le jetais tout entier dans la poubelle. Je me sentais coupable, mais je n'y pouvais rien: je n'avais pas faim du tout. Je maigrissais, mais ça ne me dérangeait pas. Je me disais qu'une fille n'est jamais trop mince. J'étais totalement occupée à réussir parfaitement dans mes études et, de plus, je faisais beaucoup de sport. Je me disais que l'exercice était bon pour moi. Je ne voulais pas m'avouer que j'en faisais pour brûler des calories.

Un jour, j'ai perdu connaissance en classe. L'infirmière m'a donné les premiers soins. Je pensais que ça finirait là, que je m'étais évanouie parce qu'il faisait trop chaud dans le local. Mais Guylaine, la travailleuse sociale, s'en est mêlée, puis le médecin du CLSC, et enfin notre médecin de famille. Tout à coup, je n'étais plus une fille normale de quatorze ans qui avait perdu connaissance en classe parce qu'il faisait trop chaud. J'étais une malade, une *anorexique*. Ma mère était consternée. Mon père, lui, reprochait à ma mère de m'avoir causé cette maladie.

Toute la famille était énervée. Nous sommes tous allés voir le médecin spécialisé dans ces problèmes, y compris mon père et mes deux frères qui y allaient de reculons. Lors de notre premier rendez-vous, j'ai été vraiment surprise. Je croyais que le médecin allait nous donner des idées sur l'organisation des repas dans la famille pour me redonner mon appétit. Mais non, nous ne parlerions pas de nourriture ou d'alimentation durant les rencontres. Il disait qu'il ne connaissait rien là-dedans, qu'il pouvait nous donner le nom d'une excellente diététiste si nous étions intéressés à apprendre comment mieux nous nourrir. J'ai été vraiment surprise parce que je pensais que j'avais un problème d'alimentation. Je ne sais pas pourquoi mais, en même temps, j'ai été soulagée que le médecin dise ça. C'est comme s'il ne me blâmait pas d'avoir causé des problèmes dans ma famille.

Une mère de famille raconte

Quand ma fille m'a dit qu'elle se préparait à aller parler à un groupe de jeunes au sujet de l'anorexie, je l'ai félicitée d'avoir accepté de rendre service même si elle était nerveuse. Je l'ai trouvée courageuse; moi, je serais gênée de parler en public de ce problème que nous avons eu dans notre famille.

L'anorexie, ce n'est pas simple, ce n'est même pas une question de nourriture *physique*. Je le comprends bien maintenant. J'ai toujours été bonne cuisinière: quand ma fille ne mangeait pas, ce n'est pas parce que la nourriture n'était pas bonne. Aujourd'hui ma fille mange bien, sauf quand elle est très préoccupée. Mais elle sait quoi faire dans un moment comme ça: elle ne mange pas pendant quelques heures puis elle prend le temps de réfléchir à ce qui la rend inquiète ou déprimée. Après, elle se remet à manger. Parfois elle me parle de ce qui l'inquiète. Je l'écoute alors, sans toutefois me mêler de lui donner des conseils. Ma fille, c'est une femme déjà. Je n'ai pas à la traiter comme une enfant.

Une chose que j'ai apprise grâce à l'anorexie de Justine, c'est que chacun dans la vie doit prendre ses responsabilités et pas celles de l'autre. Quand nous nous sommes retrouvés dans le bureau de consultation, toute ma famille y compris mon «ex», j'étais profondément malheureuse. J'avais l'impression d'avoir échoué dans mon rôle de mère. J'étais aussi très fâchée que le médecin ait insisté pour que mon «ex» participe à la rencontre. Je ne voyais pas ce qu'il avait à faire là. Sans doute qu'il allait encore en profiter pour montrer du mépris à mon égard et me faire des reproches.

La thérapie a pris une tournure à laquelle je ne m'attendais pas. Tout d'abord, le psychiatre nous a tous félicités pour notre courage de vouloir apprendre de nouvelles choses. Puis il a refusé de s'intéresser au problème d'alimentation de Justine. Il a avoué qu'il ne s'y connaissait pas en alimentation physique! Il a ajouté qu'il s'y connaissait cependant en alimentation *émotive* et que, sur ce sujet, il aurait peut-être des choses à nous dire. Il s'est même un peu moqué de Justine en lui disant: «Tu sais où est situé le frigo dans ta maison? Si tu as faim, tu y trouveras sans doute de la nourriture.» Je trouvais qu'il ne prenait pas assez au sérieux le problème de notre fille. Mais Justine semblait trouver l'attitude du médecin amusante. Elle voyait bien que le médecin savait qu'elle pourrait manger quand elle le voudrait bien.

Puisque la nourriture n'intéressait pas le médecin, il a bien fallu trouver d'autres sujets de conversation. J'ai dû constater que nous n'étions pas très doués pour la conversation en famille. Les garçons se lançaient des injures, Justine se taisait, mon «ex» faisait de grands discours abstraits et moi, je pleurais pour rien. Nous ne possédions pas l'art d'approfondir un sujet, je vous l'assure! Finalement, nous avons pu nous entendre sur une chose: nous avions des difficultés de communication!

Quelques semaines après le début de la thérapie, j'ai téléphoné au médecin pour lui demander si je pouvais le voir seule. Je voulais obtenir de l'aide pour régler certains problèmes que je considérais comme personnels. Je découvrais que beaucoup de problèmes me grugeaient. Le médecin a refusé, disant qu'il continuerait de voir notre famille ensemble, mais il m'a félicitée d'avoir l'idée de consulter un psychothérapeute pour moi-même. Il a dit que j'avais le droit d'avoir quelqu'un qui m'aide pour ce qui ne regardait pas la famille. J'ai pris un rendez-vous chez un psychothérapeute recommandé par une amie.

Peu de temps après, il est arrivé une chose étonnante lors de notre séance de thérapie familiale. Le médecin a félicité Justine (c'était un médecin «féliciteur»!) pour sa générosité envers sa famille, particulièrement envers ses parents. Il lui a dit qu'elle pouvait juger s'il était temps maintenant de ne plus être si généreuse parce qu'il faut évaluer de temps à autre si sa générosité aide vraiment les autres. Je ne comprenais rien à ce que le médecin disait, il n'a pas voulu m'expliquer le sens de son intervention. Justine avait l'air de comprendre, puisqu'elle a fait un petit sourire gêné.

En revenant à la maison, Justine a soudainement dit une chose étonnante: «Si vous pensez que je vais me priver de manger pour que vous régliez vos problèmes de couple, vous vous trompez. Arrête ici, maman, je veux m'acheter un *hamburger*.» C'est ce que nous avons fait. Les garçons étaient contents, c'est bien rare que je les amène dans ce genre de restaurant. Ils trouvaient que leur grande sœur avait eu une excellente idée. C'est ce jour-là que Justine a recommencé à manger. J'avais profité des leçons du médecin: «Mêlez-vous de *vos* affaires...!» Alors je n'ai pas fait de commentaires. Je ne voulais pas dire à Justine qu'elle était maintenant «guérie»: je comprenais que nous étions tous aussi «malades» qu'elle, chacun à notre façon. Je lui étais même reconnaissante, elle qui avait eu le courage de nous aider à aller chercher de l'aide.

Nous avons cessé nos sessions de thérapie familiale peu de temps après l'histoire du *hamburger*. J'ai continué ma thérapie individuelle. Mon «ex» aussi. Je sais cela parce qu'il m'a parlé un jour de ses découvertes. Mais je ne parlerai pas ici de ses apprentissages *à lui*. J'ai fini de parler au nom des autres. Ce que j'ai appris à mon propre sujet, c'est que je traînais des questions d'adolescence mal réglées. D'une certaine façon, une partie de moi avait quatorze ans, l'âge de Justine. J'ai découvert que j'étais mal à l'aise avec mon propre corps. Mon mari avait eu plusieurs aventures extraconjugales, toujours avec des jeunes femmes élancées, belles, et qui n'avaient pas eu trois grossesses pour leur ramollir les muscles du ventre. Je pardonnais toujours à mon mari quand il m'avouait ses incartades. Je croyais lui pardonner par bonté de cœur et pour sauvegarder notre mariage mais, dans le fond, je lui pardonnais parce que je le comprenais de vouloir aller vers des femmes plus belles que moi. Je me dévalorisais parce que je pesais dix kilos de trop.

C'est vraiment étrange, ce phénomène-là: c'est moi qui me trouvais trop grosse et laide, et c'est Justine qui faisait de l'anorexie. Comme si elle avait pris la responsabilité de ma difficulté avec mon propre corps. Peut-être aussi que je lui envoyais inconsciemment le message qu'elle réussirait comme femme seulement si elle était svelte, bonne dans les sports et première de classe. Je crois maintenant que j'ai réglé pas mal de choses pour moi-même. Depuis six mois, il y a un homme dans ma vie qui n'exige pas qu'une femme de 43 ans ait la peau et la taille d'une adolescente. Je le crois quand il me dit qu'il m'aime. Je suis aimable, après tout.

Un jour, je raconterai peut-être à Justine ce que son anorexie m'a permis d'apprendre sur moi. Mais, pour le moment, je garde ça pour moi. Même si Justine a dix-huit ans, elle a encore besoin d'être petite d'une certaine façon. Je n'ai pas à me confier à elle comme si elle était une amie intime. Je suis toujours sa mère.

Pour ceux et celles qui veulent réfléchir davantage

Une réflexion sur le problème de l'anorexie soulève nécessairement des questions sur l'acquisition de certains apprentissages qu'une personne doit faire à l'adolescence et consolider durant sa vie adulte.

Pour l'adolescent, l'adolescente

Prendre soin de sa santé, ne pas s'exposer inutilement au danger.

Avoir une bonne estime de soi.

Pouvoir vivre des moments difficiles sans remettre son existence en question.

Ne pas laisser les autres empiéter sur son territoire.

Pour le parent

Avoir une bonne estime de soi.

Être capable de relever les défis de la vie sans vivre une angoisse continuelle.

Faire confiance aux autres. Pouvoir travailler et vivre avec des personnes qui ont des idées différentes des siennes.

Savoir reconnaître les besoins des autres.

Savoir gérer son stress.

Se réjouir du fait que l'on change et que les autres changent aussi.

Tu aurais dû lire la section sur les habiletés dans le chapitre précédent. Il y en avait une bonne pour toi!

Un petit devoir facultatif

Le fonctionnement d'une famille est complexe. Certains enfants peuvent réagir d'une façon dramatique à un changement qui serait nécessaire dans la famille.

Imaginez-vous que plusieurs années se sont écoulées depuis cette réaction dramatique d'un de vos enfants. Comment aimeriez-vous être? Repassez tout ce que vous avez appris et appréciez-vous pour votre courage d'avoir changé certaines attitudes et certains comportements.

XIV

La mort d'un adolescent

Apprendre à laisser aller

La mort d'un adolescent est toujours prématurée. Elle nous surprend avec des questions brutales et trop grosses. La pensée même que notre enfant puisse mourir est effrayante.

Pourtant, les questions soulevées par la mort d'un adolescent ne disparaîtront pas.

Cette situation invite le parent à s'interroger sur ses propres attitudes et comportements.

Est-il convaincu que la vie est gratuite?

Choisit-il de vivre à plein et d'aimer de tout son cœur quand il sait, avec certitude, qu'un jour il ne sera plus là et que l'être aimé non plus n'y sera plus?

Sait-il utiliser les ressources de son entourage quand il subit une épreuve difficile?

Une jeune femme de vingt-quatre ans raconte

Je viens de terminer mes études en travail social. Dans la dernière année, nous faisons un stage de plusieurs mois dans un milieu de travail. Un professeur m'avait proposé de faire mon stage dans une école secondaire. Mais j'avais refusé. Mon jeune frère est mort d'une leucémie il y a quatre ans à l'âge de seize ans, et ça me faisait mal de voir des jeunes de son âge. Surtout quand ces jeunes ne

prennent pas soin de leur santé en fumant, en buvant, en consom-
mant de la drogue ou en s'alimentant mal. Je voudrais leur crier:
«Vous êtes en vie, considérez-vous comme chanceux d'avoir la santé
et une vie devant vous. Ne la gaspillez pas.» Je ne me sentais pas
prête à aller passer cinq mois dans une école pleine de jeunes bien
vivants alors que Marc-Antoine, lui qui était si beau et intelligent, est
mort.

Je savais par contre que je ne pouvais pas passer ma vie à éviter
les situations où je serais en présence d'adolescents. Alors j'ai choisi
d'aller faire mon stage dans un CLSC. Un CLSC, ça s'occupe des gens
de tout âge. Je savais donc que j'y rencontrerais une clientèle diversi-
fiée, pas seulement des adolescents. Fabien, mon superviseur de
stage au CLSC, travaille au service d'accueil. La première fois qu'un
client s'y présente, il est vu par un intervenant qui l'aide à définir ses
besoins. Ensuite, le client est dirigé vers le service le plus approprié
pour répondre à ses besoins.

C'est Fabien qui m'a proposé d'accompagner dans son travail
une autre intervenante du CLSC qui mettait sur pied un groupe pour
les gens endeuillés. Selon Fabien, cette intervenante, elle s'appelle
Cécile, est très compatissante envers ses clients, mais elle ne les traite
pas comme s'ils étaient incapables de faire face à leurs souffrances.
En effet, d'après Cécile, les gens en deuil sont souffrants, mais pas
incompétents. On peut leur offrir du soutien tout en croyant qu'ils
ont ce qu'il faut pour faire face à cette souffrance. Fabien était convaincu que cette expérience serait très profitable pour moi, d'autant
plus que j'avais déjà perdu quelqu'un qui m'était très cher. Il croyait
que je pouvais apporter quelque chose au groupe.

J'ai donc participé aux rencontres du groupe d'endeuillés. Mon
travail, c'était d'accueillir ces personnes, de les aider à participer à
certains exercices et, en général, d'assister Cécile dans l'animation du
groupe. Pendant les quatre premières sessions, je n'ai à peu près rien
dit. Je trouvais la souffrance de chacun tellement lourde que j'en étais
paralysée. Et plus je me sentais paralysée, plus je me trouvais inutile.
J'avais l'impression d'être de trop dans le groupe. J'avais peur que
Cécile se fâche: je n'arrivais pas à faire grand-chose dans le groupe à
part servir le café à la pause.

J'ai donc décidé d'abandonner le groupe. Mais Cécile n'a pas
voulu que je parte. Elle m'a dit: «Tu es en apprentissage, ici. Profite
des sentiments que tu éprouves pour mieux comprendre certaines de
tes émotions. Se sentir paralysée et inutile parce qu'on n'arrive pas à
faire les choses qu'on fait habituellement, c'est ce que vivent souvent
les gens qui ont subi une grande perte. Ces sentiments pénibles sont

tes alliés pour en arriver à mieux te comprendre et à t'approfondir. Ne t'éloigne pas de cette expérience.» Cécile a ajouté aussi qu'elle ne voulait pas que je quitte le groupe. Il lui aurait été difficile, à elle seule, d'être présente à tant de souffrance. D'après elle, ma présence dans le groupe la soutenait: pouvoir parler avec moi après une rencontre l'aidait à replacer ses propres pensées et émotions.

Ce sentiment d'être paralysée et d'être inutile ressemblait à ce que j'avais vécu après la mort de Marc-Antoine. Je voulais tellement aider mes parents. J'avais toujours été très proche de ma mère, probablement parce que j'étais l'aînée et qu'elle pouvait compter sur moi. Mais, après la mort de Marc-Antoine, c'était comme si je n'avais plus aucun effet sur ma mère. Mes efforts pour l'aider à faire face à la mort de mon frère ne la rejoignaient pas. J'avais même parfois l'impression que j'étais de trop dans sa vie. Maman me signalait qu'elle n'avait pas d'énergie pour s'occuper de ma souffrance à moi et que, moi non plus, je ne pouvais rien faire pour elle. Remarquez bien qu'elle n'a jamais été brusque envers moi. C'est simplement qu'elle était «partie» du reste de la famille. En perdant Marc-Antoine, elle avait perdu un énorme morceau de sa vie. Il ne lui restait plus de vie pour mon père, pour moi et pour Jonathan. Jonathan, c'est le plus jeune chez nous. Il avait treize ans quand Marc-Antoine est mort.

Aujourd'hui, je peux parler de tout cela, je suis plus consciente de ce qui se passait pour moi après la mort de Marc-Antoine et aussi dans le groupe. Pendant les premières semaines du groupe, je me sentais comme dans un brouillard. J'étais confuse, je me reprochais de ne pas bien faire mon travail, de mêler mes choses personnelles à mon travail professionnel. Je me disais même que je devais abandonner mon rêve, celui de devenir travailleuse sociale. Un jour, je suis arrivée en larmes dans le bureau de Fabien et, je vous le dis, j'ai pleuré pendant trois heures. Ça m'a fait un bien énorme de parler de tout cela à quelqu'un qui ne me jugeait pas, qui ne me poussait pas, qui n'essayait même pas de me consoler. Fabien, quand il écoute, il écoute. Il ne parle presque pas. C'est à peine si, de temps à autre, il dit quelques mots, comme: «Tiens...» «Eh bien...» Sur papier, ces mots ne méritent même pas de s'appeler «intervention». Dans la réalité, ces mots sont des interventions puissantes: Fabien les dit en regardant la personne avec bonté et intelligence. Il n'est pas atterré par la souffrance des autres. Il y est intéressé, car c'est ce que la personne devant lui vit à ce moment-là.

Lors de ma grosse crise de larmes, Fabien m'a quand même dit plus que quelques mots. Entre autres choses, il m'a rappelé que c'est seulement dans les livres qu'on vit des étapes de deuil bien définies et distinctes. Selon lui, il y a, dans la vie, autant de façons de vivre un deuil qu'il y a d'individus. Il avait l'air de penser que j'étais en bonne santé mentale même si je pleurais encore de temps à autre parce que Marc-Antoine est mort et que ça a changé notre famille à tout jamais. Il a même dit que c'était un signe de bonne santé mentale d'éprouver de la colère par rapport à sa mort et à la réaction de ma mère après la mort. Il m'a rappelé que la peur, la colère, la peine qu'on éprouve envers une autre personne peuvent nous servir de ponts pour la rejoindre. On peut aimer une personne morte et quand même éprouver toutes sortes de sentiments dits négatifs envers elle. C'est la même chose pour une personne vivante.

Finalement, je suis restée dans le groupe jusqu'à la fin des rencontres. Cécile m'a rappelé combien j'avais été un soutien important pour elle. Les participants aussi. Je sais que moi, j'en ai beaucoup profité. Pourtant, quand j'ai voulu décrire mon expérience dans mon rapport de stage, je n'arrivais plus à trouver les mots pour bien la faire comprendre à mes professeurs. J'ai donc simplement décrit brièvement les aspects techniques du projet, puis j'ai laissé trois pages blanches en réponse à la question: «Qu'avez-vous appris de cette expérience et comment vous évaluez-vous comme intervenante dans ce projet?» Le professeur qui corrigeait mon rapport a écrit ce commentaire: «Dans la vie, certaines pages noires ne peuvent s'exprimer que par des pages blanches. O.K.» Il ne m'a pas enlevé de points.

Une mère de famille raconte

Une des choses les plus difficiles comme parent, c'est de constater qu'on ne peut pas protéger son enfant contre tous les dangers. Le monde est bien trop grand. On tient la maison aussi propre que possible, mais les microbes y entrent quand même. On répète cent fois à l'enfant d'être prudent en traversant la rue, mais rien n'empêche une voiture de monter sur le trottoir et de le tuer. On achète l'équipement de sport le plus sécuritaire possible, mais l'adolescent glisse sur le plancher de la douche du gymnase et il se fracture le crâne.

On sait qu'il peut arriver malheur à son enfant, c'est d'ailleurs pourquoi on s'inquiète facilement quand il n'est pas à côté de soi. Cela, on le sait avec sa tête. Mais le cœur ne veut pas savoir ce genre de choses. Le cœur des parents ne peut accepter le fait qu'il est impossible d'écarter tous les dangers. Le cœur des parents est convaincu que les enfants doivent arriver indemnes, sains de corps et d'esprit, à leur mort et que la mort des enfants ne doit survenir que lorsqu'ils sont devenus des adultes depuis longtemps. Les enfants doivent mourir après les parents, et seulement longtemps après. Le cœur dit que c'est dans l'ordre des choses.

Cependant, la vie ne se déroule pas toujours selon le désir des parents. Elle n'adhère pas au principe de «selon l'ordre des choses». En tout cas, elle ne l'a pas fait pour notre famille. Quand Marc-Antoine est mort d'une leucémie aiguë à l'âge de seize ans, j'en ai beaucoup voulu à la vie d'avoir fait mourir un de mes enfants avant moi. Je me disais: «Marc-Antoine n'est pas mort d'avoir fait un geste imprudent ou d'avoir été négligent. Il n'a rien fait pour mourir.» J'ai dû demander au moins vingt fois aux médecins qui ont soigné Marc-Antoine: «Comment se fait-il qu'il ait contracté cette maladie?» Selon un des médecins, la leucémie est peut-être causée par un virus qu'on n'a pas encore réussi à identifier. C'est comme s'il me disait que Marc-Antoine était mort d'avoir *respiré*. Si quelqu'un ne respire pas, il meurt. Si quelqu'un respire, il respire un air où il y a des virus et des microbes. Il peut mourir. Comment un parent peut-il protéger son enfant contre quelque chose d'invisible? J'étais révoltée.

Lutter contre les choses invisibles, je l'ai pratiqué dans les mois qui ont suivi la mort de Marc-Antoine. Je luttais contre la confusion, la rage, la peine, la terreur, la culpabilité qui étaient au-dedans de moi. Je n'arrivais plus à mettre de l'ordre dans mes idées, dans mes sentiments et dans mes comportements. Je n'arrivais plus à être raisonnable. Mes amis me demandaient-ils de mes nouvelles, j'essayais de leur parler de ce que je vivais, mais je ne trouvais pas les mots pour le dire. J'avais des «maux» cependant. C'est mon corps qui criait ma souffrance. J'avais mal partout, mais surtout au ventre. C'est là que j'avais logé Marc-Antoine pendant les neuf premiers mois de son existence, et c'est là que je ressentais le vide de son absence. J'avais du mal à coordonner mes mouvements. Je me frappais accidentellement contre les meubles, je trébuchais dans l'escalier, je me coupais en pelant les pommes de terre. Mon médecin de famille, un jour, m'a demandé si je cherchais à avoir des ecchymoses comme celles de Marc-Antoine. En effet, j'avais amené Marc-Antoine chez le médecin parce qu'il avait à la jambe une ecchymose qui refusait de se résorber. C'est ainsi que nous avions appris qu'il avait la leucémie.

C'est ce médecin qui m'a suggéré de me joindre au groupe pour les endeuillés qui s'organisait au CLSC. J'ai d'abord repoussé sa suggestion: je n'étais vraiment pas intéressée à aller écouter d'autres personnes parler de leur perte. J'en avais assez de la mienne. Mais j'ai finalement décidé de m'inscrire à ce groupe à la suite d'un téléphone de Marie-France, notre fille aînée. Marie-France fait ses études en travail social, à 500 kilomètres d'ici. Nous ne la voyons pas souvent, mais nous nous téléphonons au moins une fois par semaine. Les prix-rabais pour les interurbains faits le samedi et le dimanche, Marie-France et moi, nous savons en profiter! Nos conversations téléphoniques nous rapprochent. En effet, nous nous étions éloignées l'une de l'autre après la mort de Marc-Antoine. Par ma faute, je le reconnais. Je souffrais tellement que je ne laissais approcher personne, y compris mon mari et mes enfants. Marie-France a souffert non seulement d'avoir perdu son frère, mais aussi de ne plus avoir une mère pour s'occuper d'elle. Ce fut une période très difficile pour elle. Nous nous parlons à l'occasion de ce moment dans notre vie. Je crois qu'elle me pardonne tout doucement de l'avoir presque repoussée tout simplement parce qu'elle était encore en vie.

Un jour, lors d'une de nos conversations téléphoniques, Marie-France me disait qu'elle allait assister une travailleuse sociale qui animait un groupe pour les gens endeuillés au CLSC où elle faisait un stage. J'ai trouvé qu'elle démontrait beaucoup de courage en acceptant ce travail. Ce n'est pas facile d'être présent à des gens qui souffrent beaucoup quand soi-même on souffre beaucoup. Je lui ai alors parlé de la suggestion que le médecin m'avait faite. Marie-France m'a encouragée à me joindre à ce groupe. Chacune notre groupe pour gens endeuillés... à 500 kilomètres de distance: Marie-France comme assistante de l'animatrice du groupe et moi, comme participante en deuil de son enfant.

J'ai donc participé aux séances du groupe. L'animatrice avait annoncé «un groupe pour les endeuillés» sans préciser de quel type de deuil il s'agissait. La plupart des participants avaient perdu quelqu'un par la mort, mais d'autres vivaient d'autres sortes de deuils. Par exemple, dans le groupe, il y avait une femme dont la fille de seize ans n'a jamais marché. La petite était toujours en vie, mais elle était en fauteuil roulant, portait des couches, et ne pouvait même pas se nourrir seule. Il s'est développé une antipathie spontanée entre cette femme-là et moi. Je trouvais qu'elle n'avait pas à être dans le groupe: elle aurait dû accepter sa situation depuis longtemps. Et puis, elle avait encore son enfant, elle. Quand nous nous sommes finalement mieux connues, Élise m'a dit qu'elle avait été jalouse de moi parce que j'avais eu un enfant normal pendant seize ans. Je disais tout le temps comment Marc-Antoine était un enfant merveilleux. Élise, elle, ne pouvait pas se vanter des prouesses de sa fille.

L'animatrice voyait bien une certaine compétition entre les participants du groupe. Chacun à sa façon souffrait tellement qu'il pensait que sa souffrance était nécessairement la plus grande. Chacun avait du mal à écouter une autre personne qui souffrait. Mais Cécile ne nous a pas blâmés pour cela. Elle a tout simplement manifesté, par ses attitudes et ses interventions, que la mort d'une personne chère est vécue différemment par chaque individu. Elle nous a aussi fait comprendre que, pour aider une personne en deuil, on ne peut que lui offrir une aide concrète (par exemple aller garder ses enfants pour lui accorder un peu de répit) et lui être présent. Souvent, être présent à l'autre personne, cela veut simplement dire l'écouter attentivement et se taire. Lui donner des conseils, essayer de la rassurer ou de la distraire, lui raconter ses propres histoires de deuil, lui dire qu'elle va s'en sortir un jour, cela aide peu.

Dans le groupe, on percevait toutes sortes de souffrances. Je n'étais pas le seul parent à avoir perdu un enfant adolescent. François avait perdu son fils de quinze ans dans un accident de voiture, et c'est François qui conduisait. Il se sentait terriblement coupable, même si ce n'est pas lui qui avait causé l'accident. Mariette avait perdu une fille de treize ans qui s'était noyée lors d'un séjour dans une colonie de vacances. Elle aurait commencé à faire une crise d'asthme dans l'eau et elle n'aurait pas été capable de continuer à nager. La fille de Carole, elle, s'était suicidée en absorbant des médicaments à l'âge de quatorze ans. Carole nous a montré sa photo: une belle fille, en bonne santé, mais qui avait «craqué» à la suite d'une rupture avec son premier vrai copain. Carole s'est tellement reproché d'être allée faire des courses après son travail au lieu de rentrer directement à la maison. Elle croit qu'elle aurait pu sauver sa fille.

L'animatrice disait souvent que la perte de quelqu'un qui nous est cher, ça n'a pas de sens en soi. Vivre un deuil et laisser aller pour de vrai la personne qui est partie par la mort, c'est accepter de ne pas comprendre, c'est accepter que la vie n'a pas d'ordre. J'ai alors cessé d'en vouloir à la vie parce qu'elle a fait les choses à l'envers pour la mort de Marc-Antoine. J'ai compris que l'important, pour moi qui souffre d'avoir perdu mon fils, c'est la présence. La présence de moi envers moi, surtout. J'accepte mieux aujourd'hui de ne pas avoir été capable de sauver Marc-Antoine. Je n'ai presque jamais mal au ventre. Je ne me frappe plus contre les chaises de cuisine. Je parle avec des mots, maintenant, beaucoup moins avec des «maux». C'est surtout à moi que je parle, doucement, avec compassion, et quand je me parle ainsi, je me sens vraiment présente à moi-même. Aussi, je ne repousse pas mes amies qui savent être présentes à moi.

Pour ceux et celles
qui veulent réfléchir davantage

La mort d'un enfant, d'un frère, d'une sœur oblige les parents comme les autres enfants à repenser les liens qui les unissent. Pour accomplir cette tâche de deuil et pour continuer de vivre, il faut plusieurs habiletés.

Pour l'adolescent, l'adolescente

Savoir regarder et toucher une autre personne avec respect et affection.

Être capable de se laisser toucher.

Savoir utiliser les ressources d'entraide de sa communauté.

Avoir une bonne estime de soi.

Pouvoir vivre des moments difficiles sans remettre en question son existence.

Savoir gérer son stress.

Prendre conscience, sans amertume, de la fragilité de la vie.

Pour le parent

Connaître ses limites et savoir accepter de ne pas pouvoir tout faire.

Savoir endurer de la peine, de l'incertitude, sans panique.

Savoir utiliser les ressources d'entraide de sa communauté.

Avoir une bonne estime de soi.

Pouvoir vivre des moments difficiles sans remettre en question son existence.

Savoir gérer son stress.

Savoir tenir compte de ses besoins et de ceux des autres.

Être capable de comprendre le vécu d'une autre personne et d'exprimer cette empathie d'une façon efficace.

Savoir se réconcilier avec sa mortalité et celle de ses enfants.
Être capable d'être présent à l'autre dans un deuil.
Savoir renouveler sa foi et son espérance.

Un petit devoir facultatif

La mort d'un être cher est sans doute l'expérience la plus forte pour nous amener à réfléchir sur notre propre mort, sur nos croyances, sur notre espérance, sur le sens que nous donnons à notre vie. Quelles que soient vos réactions à ces aspects de votre vie, félicitez-vous pour votre capacité de réfléchir, de méditer et de vous réconcilier avec votre condition humaine.

Conclusion

La pauvreté du cœur

Louis et Véronique ont quitté la maison il y a quatre ans, Louis, pour aller découvrir le monde et «se trouver», Véronique, pour aller faire des études en théâtre. Leur départ nous a soulagés dans un premier temps. Finie la nécessité d'établir un horaire pour l'utilisation de l'unique salle de bain. Finies les allées et venues à toute heure du jour pour ne pas dire de la nuit. Finies les discussions provocantes faites dans le seul but d'établir que, par définition, les parents ne peuvent pas comprendre les jeunes. Enfin! Bravo et merci!

Mais ce qui était aussi fini, c'était le temps mis à notre disposition pour finir d'éduquer Louis et Véronique. L'«absence» de ce temps créait en nous un vide que nous avions tendance à combler par des regrets, des remords, des inquiétudes. Nous aurions voulu reculer l'horloge pour pouvoir refaire des étapes, corriger des erreurs, effacer des «mauvais» moments de l'adolescence de Louis et Véronique. Vingt ans et dix-huit ans auparavant, nous avions mis au monde des bébés «parfaits», pleins de santé et de potentiel. Maintenant, nous «re-mettions» à un monde difficile des enfants dont l'éducation était incomplète et tellement imparfaite. Des enfants «pas finis d'éduquer». Des enfants dont les imperfections allaient paraître au grand jour, des enfants dont on dirait peut-être à l'occasion: «Je ne sais pas quel genre de parents ces enfants-là ont eu, mais...»

Des parents
qui préfèrent rester anonymes!

Des parents qui préféreraient rester anonymes au moment où leurs adolescents quittent la maison, nous en avons rencontré plusieurs! Laisser partir des enfants «pas finis d'éduquer» n'est pas chose facile. On aurait plutôt envie de les retenir, d'avoir encore un peu de temps à sa disposition pour pouvoir leur enseigner quelques habiletés supplémentaires, pour pouvoir mieux les préparer à la «vraie vie». Laisser partir ses enfants pour de vrai, en arriver à accepter d'avoir eu des limites comme parent, cela exige un détachement tel qu'on pourrait le qualifier de **pauvreté du cœur**.

Comment ce détachement peut-il s'effectuer? Pour en discuter, nous imaginons ici un dialogue entre un adolescent et son père. L'adolescent est prêt à partir. Il a hâte d'être rendu ailleurs, mais on détecte à l'occasion une certaine réticence. Le père s'apprête à laisser partir l'adolescent. Il veut que cela se fasse, mais on détecte à l'occasion une certaine ambivalence.

—   Tu t'en vas?
—   Oui.
—   Je peux te parler un peu avant ton départ?
—   Oui, mais dépêche-toi. Je suis pressé.
—   Pourquoi es-tu si pressé?
—   Il y a tout plein de bonnes choses qui m'attendent.
—   N'y a-t-il pas plein de bonnes choses *ici*? Reste encore un peu.
—   C'est peut-être tout plein de bonnes choses *ici*. Mais ici, ce n'est pas plein de bonnes choses pour *moi*.
—   Pourtant, tu es bien traité, ici.
—   Je le sais. Ce n'est pas parce que je suis maltraité que je m'en vais. C'est parce qu'il le faut, c'est tout. Est-ce que je peux partir maintenant?
—   Non, pas tout de suite, j'ai encore des choses à te dire.

— Bien, dis-les, qu'on en finisse.

— Tu parles toujours d'en finir. Comme si quelqu'un pouvait en finir d'être l'enfant de ses parents.

— Je serai peut-être le premier à le faire mais, crois-moi, *moi*, je vais en finir d'être avec mes parents. Ce n'est plus une place pour moi, ici.

— C'est vrai que ce n'est plus une place pour toi, ici. Je sais que tu vas partir, que tu dois partir. Mais je ne sais pas si tu es prêt à partir *maintenant*. Il y a tant de choses que tu ne sais pas. Il y a tant de choses que tu ne sais même pas que tu ne sais pas! Quand tu es né, je rêvais à tout ce que je pourrais te montrer. Je me disais que tu partirais un jour, mais je pensais que tu serais plus *prêt*.

— Tu es bien comme tous les parents. Tu ne vois même pas que je me débrouille très bien. Je suis beaucoup plus prêt que tu ne le penses.

— Quand tu es né, je pensais être beaucoup plus prêt à te garder en vie et en santé que je ne l'étais. Je pensais que je pourrais te protéger de tous les dangers. Je pensais que je pourrais tellement bien t'aimer que tu serais exempté de la peur, de la peine, de la colère ou de la souffrance. Mais tu t'es cassé la jambe en tombant du comptoir de la cuisine, tu as eu du mal à apprendre à lire, tu as souffert d'asthme, tu t'es fait une cicatrice au-dessus de l'œil, là où la pierre que tu avais lancée à ton compagnon et qu'il t'avait relancée t'a atteint. Tu as fumé en cachette, tu as brisé la voiture, on t'a suspendu de l'école parce que tu faisais trop de bruit en classe... Tu as fait toutes ces choses qui t'ont marqué et certaines qui auraient pu te faire mourir, et je n'ai pas pu t'en empêcher. Je me tournais le dos trente secondes et tu m'échappais. Tu m'échappes encore. Tu m'échappes pour de bon et je ne peux pas te rattraper.

— Tu t'inquiètes pour rien. Il ne m'arrivera rien. Tu ne peux pas m'attacher. Il *faut* que je parte.

— Oui, je sais qu'il faut que tu partes. Je sais que je n'irai pas avec toi. Tu as découvert un monde plein de personnes qui sont très intéressantes. Je sais qu'il faut que je reste. Et que je te laisse aller.

— Au moins, nous sommes d'accord sur une chose: il faut que je parte. Est-ce que je peux partir maintenant?

— Donne-moi encore quelques minutes, si tu veux. Rappelle-toi quand tu as appris à écrire. Tu étais impatient de ne pas savoir écrire *tout de suite*. J'ai fini par comprendre que tu voulais savoir écrire pour faire une *liste*. Tu m'accompagnais à l'épicerie, je te confiais la liste que tu tenais précieusement dans ta petite main parce qu'elle nous permettait d'acheter toutes sortes de bonnes choses. C'est seulement beaucoup plus tard que tu as compris que le fait d'avoir de l'argent permettait d'acheter les bonnes choses, et non pas le fait d'avoir une liste. Quand finalement tu as su écrire, tu as écrit ta première liste. Je l'ai d'ailleurs gardée dans ma boîte de souvenirs. Tu avais fait une liste des questions que tu demanderais au bon Dieu quand tu serais rendu au ciel. Tu nous avais déjà posé les questions à ta mère ou à moi, mais on dirait que nos réponses ne t'avaient pas satisfait. Il y avait trois questions: «Pourquoi les gens en Australie ne marchent pas la tête en bas? En quoi c'est fait, une roche? Si quelqu'un raconte un mensonge à sa mère, mais que sa mère sait que c'est un mensonge, est-ce que ça compte comme un mensonge?»

— J'étais un bébé de penser comme ça.

— Aujourd'hui, tu dis que tu étais un bébé. Mais, à cette époque-là, tu avais tout juste le bon âge pour te poser ces questions. Comme aujourd'hui, tu as le bon âge pour te poser d'autres questions. Tu pèses plus qu'avant, tes questions d'aujourd'hui ont un poids proportionnel.

— En parlant de questions, j'en ai une pour toi. Achèves-tu?

— Non, je suis loin d'avoir fini. Je continue. Quand tu étais petit, tu disais que le ciel serait un endroit où on pourrait répondre à toutes tes questions. Là, tu serais comblé. Être comblé, c'est quelque chose que tout être humain cherche à sa façon. Chacun souhaite tellement trouver la personne ou la chose qui va le combler, et pourtant, c'est impossible.

— Je ne suis pas d'accord avec toi. Moi, je suis réaliste. Je pense que si je réussis dans mon métier, si j'économise de l'argent, si je parviens à m'acheter une maison, je vais être satisfait. Je n'ai jamais cherché à être comblé, comme tu dis.

— Parfois, ce n'est pas conscient, ce désir d'être comblé. Mais il est là, quand même. Rappelle-toi quand tu es tombé amoureux de Claudine. Tu ne portais plus à terre. Quand elle a rompu avec toi trois mois plus tard, tu pensais que ta vie était finie. Tu as agi comme si une partie de toi était morte. Tu avais du mal à manger, tu ne voulais plus nous parler, tu réécoutais la même chanson noire pendant des heures. Un jour, tu nous as dit: «Je pensais qu'avec Claudine, je serais toujours heureux. Avec elle, je sentais que j'étais un vrai homme. Quand elle a commencé à me tromper avec Éric, j'ai pensé mourir. C'est comme si elle m'avait dit que je ne valais *rien*.» Tu avais quatorze ans. Tu venais de découvrir que Claudine ne pouvait pas combler tes besoins, qu'elle ne pouvait pas te faire vivre. Tu nous as déclaré, le plus sérieusement du monde: «À partir de maintenant, je n'ai besoin de personne. Je vais m'arranger tout seul dans la vie. Moi, je sais que je ne me trahirai pas.» Mais tu savais bien que tu te trahirais si tu n'acceptais pas un jour de devenir amoureux de nouveau.

— Une chance que Claudine est partie avec Éric. Il l'a bien regretté, d'ailleurs, c'est elle qui l'a entraîné dans la drogue.

— Peut-être que Claudine a entraîné Éric dans la drogue, je ne peux juger d'une situation que je ne connais pas. Mais toi, elle t'a entraîné dans un chemin où chaque être humain a envie d'aller: un chemin où on pense que c'est possible d'être comblé par une personne. Claudine a été ta première leçon «dure» par rapport à cela. Pourtant, cette épreuve ne t'a pas guéri de ton désir d'être comblé. Tu as ensuite permis à Angèle, puis à Pascale, à Annick et à Caroline, de te laisser penser pendant quelque temps que c'était possible d'être comblé par une autre personne. Ta voiture a fait la même chose.

— Comment ça?

— Rappelle-toi combien tu étais heureux lorsque tu as eu ta première voiture. Tu pensais que tu pourrais tout faire avec une voiture: te trouver un emploi plus payant, attirer n'importe quelle fille, voyager n'importe où. Mais cet emploi plus payant, tu ne l'as pas trouvé, la fille qui t'intéressait alors avait le mal de mer en voiture et y prenait place le moins possible, et l'essence coûtait très cher. Quand tu as revendu ta voiture à ton cousin, tu as donné des coups de pied sur les pneus, un par un, délibérément. Pas pour en vérifier la pression, cette fois-ci, mais comme si tu disais: «Que tout le monde aille au diable... la voiture avec!» Tu étais en colère et tu avais probablement raison de l'être. C'est à tout le moins très vexant de constater qu'on est limité dans nos capacités, qu'on est imparfait.

— Pour être imparfait, ça, on peut dire que tu l'es. Mais au moins tu le reconnais. Quand j'étais petit, je pensais que tu n'avais pas de défaut. J'ai été tellement fâché quand je me suis rendu compte que tu en avais. J'ai arrêté de dire à mes amis que mon père était plus fort que leur père.

— Tu avais commencé à comprendre que ni moi, ni ta mère, ni ton nouveau train électrique ne pouvaient te combler et te rendre complètement heureux. C'est très fâchant de se rendre compte de ça. D'ailleurs, il y a des gens qui n'arrivent jamais à comprendre que personne ou rien sur terre ne peut nous combler.

— Tu me dis que je ne peux pas être tout à fait heureux sur terre. Mais alors, où cela va-t-il arriver? Je ne crois pas que le ciel existe.

— Tu te souviens du livre que ta grand-mère t'avait donné, une Bible en images. Tu aimais particulièrement ce livre parce qu'on y voyait toutes sortes de choses étranges. L'image du serpent dans le paradis terrestre te fascinait beaucoup. C'était à l'époque où tu te forçais tellement pour montrer que tu n'avais pas peur des couleuvres qui venaient parfois dans notre jardin. Le serpent, c'était une très grosse couleuvre. Tu ne comprenais pas que, dans un jardin où les gens étaient censés être parfaitement heureux, il y ait un serpent. D'ailleurs, tu as essayé de faire disparaître le serpent avec une gomme à effacer. Malheureusement, l'encre était indélébile. Le serpent est finalement disparu, mais il y avait désormais un trou dans la page. Ta mère t'a alors grondé d'avoir abîmé ton livre. Tu lui as calmement répliqué: «J'aime mieux un trou qu'un serpent.»

— Ça, c'est une chose que j'ai fini par comprendre: le paradis terrestre, c'est seulement une histoire. Je ne comprends pas pourquoi on fait peur aux enfants avec des histoires semblables.

— C'est vrai que ce n'est qu'une histoire. Mais grâce à cette histoire, tu as compris qu'un paradis, ça n'existe pas sans serpent. Si tu essaies d'effacer le serpent, tu te retrouves avec un trou, un vide. Serpent ou trou... il y a quelque chose qui nous inquiète dans la vie: c'est un sentiment qu'il manque quelque chose à la race humaine, qu'il manque quelque chose de très important dans chacun de nous. C'est difficile de définir ce qui manque au juste... Parfois, c'est seulement inconfortable de vivre cela. Parfois, c'est tellement souffrant que c'est presque intolérable. Peut-être que c'est pour cela que certaines personnes se suicident.

— Avant que Maxime se suicide, il parlait beaucoup de l'absurdité de la vie, du grand vide existentiel. Il écrivait des poèmes sur le grand noir de la vie, l'absence de lumière. Je ne comprenais pas ce qu'il voulait dire: je le trouvais «heavy», puis un jour, j'ai su que c'était assez sérieux pour qu'il se tue. Je me suis senti coupable après sa mort, même si c'était seulement un gars de ma classe que je ne connaissais pas plus que ça. Je ne l'aurais pas dit alors, mais j'étais aussi en colère contre lui. C'était comme s'il disait qu'on était idiots de vouloir continuer à vivre. Heureusement que je venais de tomber amoureux de Pascale, ça m'aidait à trouver la vie plus belle. D'ailleurs, Pascale, c'est la première avec qui... Ah! laisse faire!

— On ne peut vraiment pas comprendre l'expérience du suicide. On ne comprend pas vraiment l'expérience d'être aimé, non plus. Aimer et être aimé nous donne l'impression que le grand trou va être rempli, qu'il n'y aura plus de vide ou de serpent. On aime avec l'espoir que la personne qu'on aime va justement contribuer à remplir ce vide. On croit aussi qu'on va pouvoir combler l'autre personne, qu'elle n'aura plus de vide ou de serpent dans sa vie, grâce à nous. Au début de notre mariage, je pensais que, parce que j'étais aimé par ta mère, je n'aurais plus jamais ce sentiment d'inquiétude, de vide. J'y tenais fort, à cette idée. Tellement fort que je me suis mis à la critiquer tout le temps, pour rien. Je découvrais qu'elle ne pourrait pas me rendre parfaitement heureux, j'étais très fâché de ça. J'étais injuste envers elle: je lui demandais de combler quelque chose en dedans de moi qu'elle ne pouvait pas combler. Je l'ai tellement critiquée qu'elle a fini par vouloir me quitter. Heureusement, elle a insisté pour que nous allions consulter un thérapeute conjugal. Ça nous a aidés à nous aimer sans exiger des choses impossibles l'un de l'autre.

— J'avais peur que vous vous sépariez: vous vous chicaniez tout le temps. Maman pleurait, toi, tu criais. Je faisais des prières pour que tu ne t'en ailles pas. À l'époque, j'étais croyant.

— Tu es toujours croyant... mais pas de la même façon. **Tu es assez croyant pour vouloir partir de chez nous et faire *ta* vie. Je suis assez croyant pour penser que tu as ce qu'il faut pour te faire une bonne vie.** Et tu es rempli d'espoir. Ta vie est pleine de promesses, tu souhaites être comblé... tout en sachant que ce n'est pas possible de l'être. Tu découvriras que ni ton métier, ni ta voiture, ni ta femme, ni l'argent, ni les biens matériels ne peuvent te combler. Ces biens finissent par attacher celui qui les possède. La terre promise, l'endroit où une personne peut être bien, sereine, relativement «comblée», est à l'intérieur de toi. Là tu pourras te reconnaître comme être humain limité et quand même faire confiance à la Vie, à Dieu, au Transcendant, appelle-le comme tu voudras. Dieu ne t'en veut pas d'être limité. La terre promise, tu commences à l'atteindre quand toi aussi, tu ne t'en veux pas trop d'être limité, quand tu reconnais que la vie est intéressante et abondante même quand on n'est pas Dieu.

— C'est étrange que tu parles comme cela au sujet des biens matériels. Je me souviens que je vous accusais, toi et maman, d'être matérialistes. Vous me disiez que les biens matériels, c'est bien important.

— C'est important parce que nous sommes des êtres matériels. Le truc, c'est de ne pas s'y attacher outre mesure. J'ai été trop attaché aux biens matériels à l'époque où j'essayais d'être un mari parfait pour ta mère en gagnant beaucoup d'argent. Plus je faisais cela, plus elle m'en voulait. Elle disait que je ne lui parlais pas pour de vrai, que je ne l'écoutais pas. Et moi, je la critiquais. C'est grâce à ta mère que j'ai finalement réussi à me détacher davantage. Elle m'a montré tellement souvent qu'elle m'aimait malgré mes limites, peut-être même à cause d'elles. D'ailleurs, nous ne te l'avons pas dit, mais maintenant que tu pars pour de bon, nous allons vendre la maison, pour en acheter une plus petite qui demande moins d'entretien. Ta mère et moi, nous voulons profiter l'un de l'autre pendant que nous avons encore l'énergie de faire des choses ensemble ou de ne rien faire... ensemble.

— Vous allez vendre la maison? *Ma* maison?

— Non, nous ne pouvons pas vendre *ta* maison. Mais nous pouvons vendre *la nôtre*. Pas demain, mais bientôt quand même. Elle ne nous serait pas utile à ce moment-ci de notre vie. Mais peu importe où nous serons, tu seras le bienvenu. Ta maison, c'est là où est notre cœur. Notre maison est portative: nous te dirons où elle est à mesure que nous la transporterons.

Quand tout est dit, quand on a donné tout ce qu'on pouvait, que reste-t-il à faire? Se donner... ou continuer de se donner. Se donner veut dire se faire confiance, penser que ce que l'on est a de la valeur, que c'est le meilleur que l'on puisse donner.

Se donner veut dire faire confiance à l'autre. Croire qu'il saura bien reconnaître la valeur du don, qu'il sera tenté lui aussi de se donner.

Pour que cela arrive, il faut abandonner toute idée de contrôle. À ce niveau de don, on se tient seulement par la parole donnée. C'est alors que l'on connaît la vraie pauvreté du cœur.

Bienheureux ces pauvres-là!

Voici une lettre d'une adolescente à ses parents. Isabelle est partie de la maison, mais garde contact avec eux.

Papa, maman,

Je suis présentement dans ma petite chambre à Sherbrooke et je pense à vous. J'écoute ma musique, mes belles petites lumières projettent un éclairage jaune sur mes murs, tout est bien décoré, mes affiches, mes p'tits pots, et je pense à vous.

Je pense à vous et je veux que vous le sachiez. Vous me manquez souvent. (J'ai déjà la gorge serrée!) J'aimerais que vous pensiez à moi aussi. Je sais que vous m'aimez, c'est très important pour moi. C'est pas facile de partir du p'tit nid puis de s'envoler pour un long voyage. Des fois, ce serait bien plus facile de survoler les alentours tout simplement. Mais j'ai décidé de partir et j'en suis fière. (Maman, n'aie pas peur, c'est pas une lettre de suicide!)

Je veux vous remercier de m'avoir donné mes ailes. Je suis contente parce qu'elles sont grandes et fortes. Elles sont tout de même un peu malhabiles, mais ça s'en vient. J'y travaille fort. Je me rends compte comment il me reste un long bout de chemin à faire. C'est difficile; des fois plus que d'autres. Par contre, j'ai du solide en moi et ça, c'est de vous que je le tiens. J'en suis parfaitement consciente et je le montre avec fierté. Mais j'ai aussi mes faiblesses qui sont, en partie, de vous aussi, mais ça vient avec le «package». La seule chose, c'est que vous êtes loin de moi, puis ça me manque. Il me manque ma p'tite dose d'affection par jour.

J'arrive ici, à Sherbrooke, et du jour au lendemain, plus de parents, plus de sœurs, plus de chum. Ouf, c'est pas évident! Bien sûr, il y a les amis, les partys, les travaux de groupe, mais il manque quelque chose. Ce doit être ça, couper le cordon...

C'est pourquoi je tiens à vous dire que j'apprécie tout ce que vous faites présentement et tout l'effort que vous avez investi avec moi dans ce projet et dans mon voyage. Je me vois grandir chaque jour et ça m'encourage. Je sais que pour vous aussi c'est pas toujours facile. Il y a eu beaucoup de changements depuis septembre et moi j'en demande aussi toujours, surtout des sous! Bien sûr, vous savez toutes ces choses-là, mais je tenais à vous l'écrire pour que ça reste toujours.

Je vous aime fort et je m'ennuie de vous,

Votre bébé Isabo

P.S. Papa, pensais-tu que j'allais te demander des sous?

Annexe

Les phases du développement de l'adolescence[*]

Première phase

D'une durée de deux ou trois ans.

De l'âge de 12 ans à l'âge de 15 ans. Il s'agit ici d'une moyenne, car l'entrée dans l'adolescence varie d'une jeune personne à l'autre. On observe cependant qu'en moyenne les garçons connaissent la poussée de croissance deux ans après les filles. Théoriquement, à la fin de cette période, l'adolescent est capable de se reproduire.

Plan physique

Croissance physique rapide.

Augmentation de la force physique.

Développement des organes de reproduction et apparition des caractéristiques sexuelles secondaires. Circulation intense des hormones.

Chez le **garçon**: grossissement des testicules, de la prostate, des vésicules séminales; apparition de spermatozoïdes dans la semence; début des émissions nocturnes; apparition des poils pubiens et de barbe; changement dans le timbre de la voix.

---

[*] Nous nous sommes inspirés ici de *Introduction à la psychologie* de Rita L. Atkinson *et al.* et de *Psychiatrie clinique, Approche bio-psycho-sociale*, de Lalonde et Grunberg.

Chez la **fille**: grossissement des ovaires, de l'utérus, des seins; début des menstruations; apparition des poils pubiens; changement dans le timbre de la voix.

Plan psychique

Augmentation de la pression des instincts. De fortes pulsions érotiques et agressives déconcertent la jeune personne qui n'est pas préparée à faire face à cette énergie étrange qui apparaît à la fois dangereuse et excitante.

Rejet de l'autorité parentale, autorité qui était garante de sécurité et d'équilibre; panique devant l'incertitude créée par ce rejet. Recherche de soutien chez d'autres adultes: enseignants, entraîneurs, «leaders», modèles, héros.

Angoisse devant la solitude: sentiment dépressif relié à la perte de l'enfance et à l'incertitude devant l'avenir, d'où rage et violence contre l'environnement ou contre soi-même (suicide ou conduites dangereuses).

Tentative de combler la solitude et d'amenuiser la dépression par des gratifications temporaires telles l'ingestion immodérée de nourriture ou la masturbation. Ces gratifications «coupables» accroissent le sentiment dépressif.

Tentative de diminuer les tensions intérieures et de garder le contrôle de ses pulsions, en devenant rigide moralement. Selon Piaget, la capacité intellectuelle d'opérations formelles se développe au début de l'adolescence. Cet accès aux pensées abstraites permet à l'adolescent d'élaborer ses propres idées et de construire des théories générales d'interrelation de différents faits, problèmes et idées. L'adolescent utilise librement cette nouvelle habileté, croyant que tous les problèmes peuvent être résolus par la logique. Cela lui donne un sentiment d'omnipotence.

Deuxième phase

Les parents constatent que le jeune a changé. Soulagement après la crise.

Après l'âge de quinze ans, le moi se renforce. L'adolescent contrôle mieux ses pulsions, en partie grâce à une régulation hormonale et biologique plus efficace ainsi qu'à une augmentation de la confiance en soi.

C'est une période d'apparente stabilisation. La tâche pressante: préparer son avenir en continuant d'étudier, en acquérant un métier. Tâche difficile, étant donné la conjoncture économique et la situation sociale actuelles.

Choix de partenaires, relations un peu plus stables, capacité accrue de réflexion à la suite d'échecs amoureux et autres.

Bibliographie sommaire

Atkinson, Rita L., Richard C. Atkinson, Edward E. Smith et Ernest R. Hilgard, *Introduction à la psychologie*, Montréal, Éditions Études Vivantes, 1987.

Bureau québécois de l'Année internationale de la famille et Association des Centres jeunesse du Québec en collaboration avec Richard Cloutier du Centre de recherche sur les services communautaires de l'Université Laval, *Ados, familles et milieu de vie. La parole aux ados!*, Québec, 1994.

Champagne-Gilbert, Maurice, *La famille et l'homme à délivrer du pouvoir*, Montréal, Leméac, 1980.

Conseil de la famille, *Quinze ans et déjà au travail! Le travail des adolescents: une responsabilité parentale et collective*, Québec, 1992.

Duclos, Germain, Danielle Laporte et Jacques Ross, *L'estime de soi de nos adolescents, Guide pratique à l'intention des parents*, Montréal, Service des publications, Hôpital Sainte-Justine, 1995.

Evely, Louis, *Chaque jour est une aube*, Paris, Centurion, 1987.

Hone, Geneviève et Julien Mercure, *Les saisons du couple*, Ottawa, Novalis, 1993.

Hone, Geneviève et Julien Mercure, *Interdit aux enfants, Guide pour vivre l'aventure d'être parent*, Ottawa, Novalis, 1994.

Hone, Geneviève et Julien Mercure, *The Seasons in a Couple's Life*, Ottawa, Novalis, 1996.

Lalonde, Pierre, Frédéric Grunberg, et collaborateurs, *Psychiatrie clinique, Approche bio-psycho-sociale*, Boucherville, Gaëtan Morin éditeur, 1988.

Table des matières